Le Livre de Poche

Jeunesse

PERSÉPHONE
REINE DES ENFERS

DU MÊME AUTEUR DANS
Le Livre de Poche Jeunesse

1515 Le chevalier de Marignan
La guerre des Princes

CLAUDE MERLE

LES HÉROS ET LES DIEUX

PERSÉPHONE
REINE DES ENFERS

HACHETTE
Jeunesse

Qui est l'auteur ?

Historien et romancier, Claude Merle est l'auteur d'une quarantaine de livres pour la jeunesse, romans historiques, romans d'amour, romans d'aventure. Il a écrit les neuf tomes de la série *Marcantour* pour les Éditions Bayard, et a participé à la rédaction de nombreux ouvrages historiques, dont trois sur le Moyen Âge, chez Autrement Junior. Il vit aujourd'hui près d'Aix-en-Provence.

Préface

Les dieux grecs présentent une particularité fascinante : ils sont proches des hommes. Ils se mêlent à leur vie, prennent parfois leur apparence, partagent leurs plaisirs, suscitent leurs passions, épousent leurs querelles, participent à leurs guerres. Ils vont jusqu'à emprunter leurs défauts. En certaines circonstances, ces dieux, tout-puissants et glorieux, se révèlent capricieux, coléreux, jaloux, menteurs, voleurs, cruels, injustes, lâches, envieux. À côté de leurs exploits surhumains, il leur arrive de se trouver dans des situations ridicules : Arès, le formidable dieu de la guerre, est pris dans un filet, comme un vulgaire poisson, ou enfermé dans une jarre. Héphaïstos est trompé par sa femme. Hadès, l'effrayant maître des Enfers, est assommé par Héraclès. Des dieux traités comme des hommes, quelle déchéance ! Quelles merveilleuses aventures, au contraire. Ce sont précisément cette familiarité, cette complexité, cette « humanité », qui rendent les dieux grecs attachants, et leur histoire passionnante.

Si les dieux viennent parfois se mêler aux mortels, les Grecs vivent à chaque heure du jour en leur compagnie. Ils leur parlent, les invoquent, les remercient, ou les abreuvent de reproches lorsqu'ils n'ont pas exaucé leurs vœux. Ils les associent à leurs activités les plus prosaïques : lorsqu'ils s'égarent, les voyageurs supplient Hermès, et celui-ci les remet sur le bon chemin. Les voleurs réclament son aide pour échapper à la police. Les paysans font appel à Déméter pour avoir une terre fertile, de grasses récoltes. Athéna assiste au pressage de l'huile d'olive, car elle a inventé l'olivier. Aphrodite favorise les amours. Poséidon apaise la mer. Apollon inspire les poètes ; Dionysos, les acteurs et les gens de théâtre. Zeus fait la pluie et le beau temps. Il veille au respect des serments, fait régner la justice. Et, même si ces dieux se montrent parfois capricieux et impitoyables, les hommes sont bien incapables de vivre sans eux.

La famille des dieux grecs

GAIA
Déesse de la Terre

OURÉA **OURANOS** **PONTOS**
Dieu du Ciel

CYCLOPES **HÉCATONCHIRES** (géants aux cent bras) **TITANS** **TITANIDES** **ÉRINYES** **GÉANTS**

TITANS : **Océan**, **Hypérion**, **Japet**, **CRONOS**

TITANIDES : **Mnémosyne**, **Thémis**, **Téthys**, **RHÉA**

CRONOS — **RHÉA**

ZEUS **POSÉIDON** **HADÈS** **HÉRA** **HESTIA** **DÉMÉTER**

Enfants de Zeus :
Apollon **Artémis** **Héphaïstos** **Arès** **Aphrodite** **Dionysos** **Athéna**

Enfant de Déméter : **Perséphone**

Enfant d'Apollon : **Asclépios**

Principaux dieux

ZEUS	Fils du Titan Cronos et de Rhéa Dieu suprême. Maître du Ciel et de la Terre.
POSÉIDON	Frère de Zeus. Fils de Cronos et de Rhéa. Dieu de la mer.
HADÈS	Frère de Zeus. Fils de Cronos et de Rhéa. Maître du monde souterrain et des Enfers.
HÉRA	Fille de Cronos et de Rhéa. Sœur et épouse de Zeus. Déesse du mariage.
DÉMÉTER	Fille de Cronos et de Rhéa. Sœur de Zeus. Mère de Perséphone. Déesse de la terre et des moissons.
HESTIA	Fille de Cronos et de Rhéa. Déesse du foyer.
ATHÉNA	Fille de Zeus. Divinité guerrière. Déesse de la pensée et des arts.
APOLLON	Fils de Zeus et de Léto. Dieu

solaire de la poésie, de la musique et de la divination.

ARTÉMIS	Fille de Zeus et de Léto. Sœur jumelle d'Apollon. Déesse de la nature sauvage et de la chasse et déesse lunaire.
HÉPHAÏSTOS	Fils de Zeus et d'Héra. Dieu du feu et dieu forgeron.
ARÈS	Fils de Zeus et d'Héra. Dieu de la guerre.
APHRODITE	Fille de Zeus ou d'Ouranos. Épouse d'Héphaïstos. Déesse de l'amour.
DIONYSOS	Fils de Zeus et de Sémélé. Dieu de la vigne et du vin.
PERSÉPHONE	Fille de Zeus et de Déméter. Épouse d'Hadès. Maîtresse des Enfers.
ASCLÉPIOS	Fils d'Apollon. Dieu de la médecine.

PROLOGUE

Zeus contemple Cronos avec un mélange de colère et de crainte. Longtemps son père, le dieu du Ciel, a ignoré son existence. Heureusement pour lui, car Cronos, divinité impitoyable, a dévoré ses enfants par crainte d'être, un jour, détrôné par eux. Hestia, Déméter, Héra, Hadès et Poséidon ont ainsi été engloutis. Zeus aurait subi le même sort sans l'aide de sa mère. À la place de l'enfant qu'il exigeait, Rhéa, timide déesse de la Terre, a donné à son époux une grosse pierre enveloppée de langes. Cronos l'a avalée sans méfiance, et Zeus a grandi dans l'ombre, attendant l'heure de la révolte.

Cette heure est arrivée. Métis, la rusée, a préparé

une potion magique, mélangée à du miel, qui a contraint Cronos à vomir ses enfants. Délivrés, Hadès et Poséidon ont uni leur force à celle de Zeus. Les Cyclopes, leurs alliés, ont forgé à leur intention des armes redoutables : Pour Zeus, la foudre. Pour Poséidon, un trident capable d'ébranler la terre. Et pour Hadès, un casque qui rend invisible.

Les trois frères attendent, à l'entrée de la caverne où Cronos est endormi. Malgré la défaite de ses frères, les Titans, le dieu du Ciel demeure redoutable. Hadès coiffe son casque magique. Invisible, il entre dans la grotte. À côté du dieu sont déposées ses armes : la lance céleste, et surtout la terrible faucille avec laquelle Cronos a mutilé son père, Ouranos, pour prendre sa place de maître de l'univers.

Hadès saisit les armes avec d'infinies précautions. Si Cronos se réveille et les surprend, il risque de les précipiter au fond du Tartare, comme il l'a fait naguère avec les Cyclopes. La lame de la faucille tinte contre la pointe de la lance. Cronos ouvre les yeux. Ses grondements font trembler la montagne. Hadès s'immobilise. Cronos se retourne lourdement et se rendort. Ce n'était qu'un cauchemar.

Hadès sort de la caverne avec les armes. Aussitôt, ses frères y pénètrent. Tandis que Poséidon tient son père en respect avec son trident, Zeus déchaîne sur lui le feu céleste. Le dieu, vaincu, demande grâce. Zeus l'enchaîne dans le Tartare. Puis il le délivre et l'accueille dans les îles bienheureuses, où règne l'âge d'or.

Maître de l'univers, Zeus veut récompenser ses frères, qui l'ont bien servi.

— Que souhaitez-vous ?

— La royauté des océans, répond Poséidon.

— Et toi ?

— Moi, murmure Hadès, le monde souterrain, et autre chose que je te réclamerai un jour.

— Accordé, dit Zeus imprudemment.

1

Voleur d'âme

— Viens avec nous, allez, viens !

Perséphone regarde ses sœurs, les déesses Athéna et Artémis, la première porteuse d'une lance ; la seconde, armée d'un arc et entourée de chiens.

— Pas aujourd'hui, non.

— Avec toi, c'est toujours demain, gronde Artémis.

Perséphone lui adresse un sourire d'excuse :

— C'est la saison des violettes.

— Alors, si c'est la saison des violettes... raille Artémis.

« C'est surtout la saison des cerfs, des sangliers et des lions », pense-t-elle en faisant signe à Athéna d'abandonner l'ingénue à ses fleurs et de la suivre dans les bois.

Perséphone laisse les deux chasseresses s'éloigner sans regret. Athéna ne pense qu'à la guerre ; Artémis qu'à la chasse. Elles sont à leur affaire au milieu des bêtes sauvages. Tout en admirant leurs exploits, Perséphone ne partage pas leurs goûts. Pourtant elle est fille de Zeus comme les deux déesses. Mais elle déteste la violence, le sang et le halètement des bêtes aux abois. Déesse de la Nature, elle n'aime que les fleurs. Elle est frêle et jolie, avec une peau très blanche, parfois dorée, et de longs cheveux noirs qui lui tombent au creux des reins.

« Dommage, songe-t-elle. Je leur aurais tressé des couronnes, elles adorent ça ! » Coiffées de fleurs, les farouches guerrières laissent tomber leurs armes et se prennent à rêver de jeux plus doux.

Ce don, Perséphone le tient de sa mère, Déméter, la toute-puissante déesse de la Terre et des Moissons. Grâce à elle, les hommes peuvent se nourrir et les dieux contempler leur œuvre sans la voir mourir.

Perséphone admire le paysage vallonné qui l'environne. En cette saison, la contrée d'Enna, au cœur de la Sicile, se couvre de milliers de fleurs, jacinthes, jasmins, myosotis, bleuets, anémones, et surtout violettes, ses préférées.

« Comment peut-on semer la mort au milieu de tant de merveilles ? » s'étonne-t-elle.

— Coré, viens voir, viens vite !

Coré est le surnom que lui donnent les nymphes. Il signifie « jeune fille ». Perséphone a reconnu la voix rieuse de Cyané, son amie d'enfance. Elle agite la main, en pensant avec contrariété : « Impossible de rester seule ! »

Au même instant, un souffle glacé, inconcevable au printemps, la fait frissonner. Elle sent une présence hostile, indéfinissable. Toutefois, aussi loin que porte son regard, elle ne voit qu'une nature bienveillante.

Chassant son appréhension, elle court vers la nymphe et ses cousines, courbées en cercle autour d'une source.

— Des narcisses !

Quelques instants auparavant, Perséphone a songé à ces fleurs jaunes, et aussitôt la nature les a fait surgir du sol.

— C'est pour toi, dit Cyané.

La jeune déesse acquiesce. Depuis toujours, les narcisses exercent sur elle une fascination mélancolique à cause de leur naissance tragique.

Narcisse était le fils de la nymphe Liriopé et du dieu-fleuve Céphise. Sa beauté était si envoûtante qu'il lui était interdit de contempler son image sous peine d'en mourir. En le voyant, toutes les jeunes filles éprouvaient pour lui une violente passion. Narcisse, lui, ne songeait qu'à la chasse. Les filles le laissaient indifférent. Seule la nymphe Écho avait réussi à l'émouvoir, mais elle avait eu le malheur, un jour, de déplaire à Héra, l'épouse du maître des dieux. En punition, celle-ci l'avait affligée d'une infirmité ridicule : incapable de s'exprimer, Écho ne pouvait que répéter les paroles des autres. Narcisse, exaspéré par cette manie de perroquet, l'avait abandonnée. Écho était morte de désespoir. Il ne restait d'elle qu'une voix qui continuait à répéter ce qu'elle entendait, au-delà de la mort.

Toujours ce froid ! Le danger est là, invisible, mais bien réel. La peau de Perséphone se hérisse comme celle d'une simple mortelle. Percevant son désarroi, Cyané s'enquiert :

— Tu penses à ce beau garçon ?

— Narcisse, oui.

— Comment est-il mort ?

La jeune déesse leur a raconté le drame maintes fois, mais elles ne s'en lassent pas. Les nymphes adorent les histoires tristes. Elle soupire :

— Les filles qu'il dédaignait ont supplié Némésis, la divinité de la Colère, de punir l'indifférent, et elle les a exaucées. Un jour, au retour de la chasse, Narcisse s'est penché sur une source pour se désaltérer. En apercevant son visage dans le miroir d'eau, il en est tombé amoureux. Incapable de s'en détacher, il s'est laissé mourir. À cet endroit sont nées les fleurs qui portent son nom...

Comme toujours, lorsqu'elle évoque la mort de Narcisse, les yeux de Perséphone se remplissent de larmes. Cyané tente de la distraire :

— Viens, allons cueillir des violettes !

Perséphone la renvoie d'un ton sans réplique :

— Allez-y sans moi. Je vous rejoindrai.

Cyané hésite, puis elle fait signe à ses cousines : Coré a besoin de solitude. Elles s'éloignent vers la lisière d'une forêt de chênes verts, à l'extrémité du vallon. De ce lieu surélevé, Cyané continue à surveiller Perséphone.

Au bout de quelques instants, la jeune déesse semble s'éveiller. Elle s'éloigne du bouquet de narcisses, sourit, chantonne, esquisse un pas de danse. Rassurée, Cyané rejoint les autres nymphes occupées à cueillir des violettes, dont elles feront des couronnes et des bracelets. Elles pénètrent dans la forêt, perdent la déesse de vue.

Celle-ci s'est immobilisée au creux du vallon. La présence malveillante qui la guette se manifeste de nouveau, plus précise. C'est une force ténébreuse, impitoyable. Perséphone se rassure : « Qui oserait s'attaquer à la fille de Zeus ? » Les monstres qui défiaient les dieux sont emprisonnés dans le Tartare, au plus profond des Enfers. Les autres, Perséphone ne les craint pas. Cependant, l'ombre se rapproche.

— Cyané !

Le cri s'étrangle dans sa gorge. Le danger est tout près, maintenant. Effroyable. Elle voudrait s'enfuir. Elle le pourrait, car elle court aussi vite que le vent. Mais une force mystérieuse la paralyse. Elle reste pétrifiée. Et toujours cette haleine glacée !

Elle a beau chercher autour d'elle, elle ne voit rien. Les fleurs et les arbres, ses amis, n'ont rien remarqué. Pourtant, la chose est bien là, qui la guette. Elle la sent. L'attente est si insupportable qu'elle en vient à souhaiter que l'horreur se manifeste. Et son vœu se réalise. Soudain, au flanc de la colline, elle entrevoit une grotte, un trou obscur, d'où provient l'haleine froide. L'orifice était dissimulé, ou bien il vient de se creuser. De là monte un grondement formidable, comme la ruée de mille démons.

Une ombre jaillit. Un bras invisible saisit Perséphone, la soulève et l'emporte. Elle a beau se débattre, lutter de toutes ses forces, invoquer Déméter, rien n'y fait. Le ravisseur disparaît dans la grotte avec sa proie. La colline se referme. Dans les ténèbres, la déesse est hissée sur un char tiré par des chevaux furieux. Elle devine où elle va et qui est celui qui la serre contre son corps de glace. Plus d'espoir. L'épouvante s'empare d'elle. Elle faiblit, s'abandonne...

Cyané a entendu l'appel de Coré, aussi étranglé fût-il. Elle accourt. En un éclair, elle voit l'ombre se jeter sur la déesse et l'emporter. Le temps d'arriver sur les lieux, le trou infernal s'est refermé. Coré a disparu. La colline est recouverte de fleurs. Le soleil la tiédit. Les parfums n'ont jamais été aussi enivrants. Les sources chantent, comme si la terre avait déjà oublié celle dont la magie multipliait les printemps.

Seul vestige de l'enlèvement, la ceinture de Perséphone gît sur le sol. Cyané la ramasse et la porte à ses lèvres. Elle court de tous les côtés, affolée, en criant le nom de la déesse. Nul ne répond. Les nymphes se sont enfuies, terrorisées par l'ombre maléfique. Elle est seule. Elle supplie Athéna et Artémis, mais elles sont trop loin, et il est trop tard. La malédiction est accomplie.

À la pensée du sort affreux qui attend son amie, si douce, Cyané tombe à genoux et se met à pleurer. Ses larmes forment un ruisseau qui se mêle au fleuve Anapis. La nymphe et le fleuve s'aiment tendrement. Cyané se laisse engloutir par les eaux qui lui apportent l'oubli.

Un vent sournois frôle leur surface, avant de traîner dans le vallon d'Enna, où il efface les traces de Perséphone afin que nul ne retrouve jamais la petite déesse.

2

Le royaume ténébreux

Les chevaux, maîtrisés d'une main féroce, se cabrent. Le char s'immobilise. Le bras qui emprisonne Perséphone relâche son étreinte. Son ravisseur saute à terre et enlève le casque qui le rendait invisible.

Bien avant ce prodige, la jeune déesse a percé l'identité de celui qui lui fait violence. C'est Hadès, le redoutable dieu des Morts. Elle a beau s'attendre à sa laideur, elle ne peut s'empêcher de tressaillir en voyant apparaître la haute silhouette noire et le visage de pierre du maître du monde infernal. Autour d'eux s'étend un pays de ténèbres, d'humidité et de puanteur. Les entrailles de la terre.

Des ombres passent et s'esquivent à la vue d'Hadès. Perséphone est tentée de les imiter. Mais elle se souvient qu'elle est une divinité, aimée et protégée par tous les dieux de l'Olympe. Refoulant sa peur, elle descend du char et fait face à son agresseur :

— Zeus te punira pour ce que tu viens de faire !

Hadès la regarde, impassible. Elle le trouve repoussant, cependant sa voix, très grave, exerce sur elle un étrange envoûtement.

— J'ai demandé ta main à ton père, et il me l'a accordée.

Sa main ! Elle, jeune, belle, admirée, unie au plus effroyable des dieux ! Sans le dégoût qui la submerge, elle lui rirait au nez. Mais elle sent qu'Hadès ne ment pas : Zeus l'a trahie. Elle ignore la promesse faite jadis à Hadès par le maître des dieux, après leur victoire contre Cronos. Le dieu des Morts a réclamé son dû.

La colère de Perséphone lui donne le courage de défier son ravisseur :

— Et ma mère, tu as aussi obtenu son consentement ?

Le silence d'Hadès est éloquent. Déméter n'est pas au courant du complot. Or, la déesse aime passionnément sa fille. Quand elle saura la vérité, sa fureur sera terrible.

— Elle doit déjà être à ma recherche, tu sais.

La menace glisse sur Hadès comme l'eau sur le

marbre. Il sait son royaume inaccessible, à l'abri de la vengeance de la puissante déesse de la Terre.

— Écoute, dit-il. Mes domaines sont immenses ; mes pouvoirs, infinis. L'univers tout entier me redoute. Zeus lui-même ne peut rien ici contre moi. Je suis le maître absolu, mais ma solitude est grande. Les mortels n'osent pas prononcer mon nom, et les dieux y répugnent. Ils font appel à moi quand ils sont menacés. Je garde leurs ennemis au fond du Tartare. Mais ils négligent de m'inviter sur l'Olympe. Nous ne sommes pas du même monde, eux et moi !

— Essaies-tu de m'apitoyer sur ton sort ? raille Perséphone. Tu perds ton temps. Si personne ne t'aime, c'est que tu ne mérites pas d'être aimé !

Le visage du maître des ténèbres reste impénétrable. Seul le son assourdi de sa voix trahit son déplaisir :

— Je n'ai que faire de la pitié et de l'amour des autres !

— Dans ce cas, pourquoi m'avoir enlevée ?

D'un geste souverain, Hadès montre le monde obscur qui les environne :

— Cet empire, cette puissance, je consens à les partager avec toi si tu acceptes de m'épouser.

Un sourire dédaigneux accompagne la réplique :

— Beaux cadeaux de noces, ces ténèbres, ces ombres, tous ces morts ! Belle musique, ces cris et ces gémissements ! Pourquoi ne pas m'avoir fait ta déclaration au grand jour ? Tu craignais mon refus, n'est-ce pas ?

— C'est vrai, avoue Hadès. Ce monde est fascinant, mais pour en apprécier la terrible splendeur, il faut d'abord apprendre à le connaître. Veux-tu le visiter ?

Perséphone sourit, sarcastique.

— Non, merci, sans façon. Ce que j'aperçois me suffit. Je préfère te montrer un autre genre de beauté : les champs de violettes, l'éclaboussement des cascades, le jeu des oiseaux de mer sur les vagues et le vent...

— Je connais tout cela, les charmes éphémères de ton monde. Le mien a une grande vertu : sa magnificence est éternelle.

— Parce qu'il est mort !

— Il vit, mais d'une autre manière, rétorque Hadès. Viens avec moi, tu découvriras des spectacles que nul n'a contemplés avant toi.

Comme la jeune déesse ne bouge pas, il ajoute, de sa voix grave :

— Tu as peur ?

Peur, non ! Perséphone ne redoute plus le dieu des Enfers, depuis qu'elle a pris la mesure du pouvoir qu'elle exerce sur lui. Hadès est épris d'elle. L'insensible, l'impitoyable est fou d'amour. « C'est

Aphrodite qui l'inspire ! » se dit Perséphone avec acrimonie.

— Va, je te suis !

Elle marche bravement derrière Hadès sur un chemin usé par les pas des morts. Ceux-ci ont creusé la terre cendreuse jusqu'à un lit de roches blanches aux allures d'ossements.

Ils se dirigent d'abord vers le palais du maître des Enfers. La nuit s'éclaire. La route se poudre de sables dorés. La demeure se dresse à la limite du séjour des bienheureux, qu'on appelle les Champs Élysées. Elle comporte deux parties. L'une sombre, de marbre noir ; l'autre resplendissante, de marbre clair incrusté d'or et de rubis. Les salles de cette dernière s'ouvrent sur de vastes jardins fleuris. Des serviteurs s'activent, jeunes et joyeux.

— Que penses-tu de mes fleurs ? demande Hadès.

Perséphone soupire :

— Elles sont belles, mais prisonnières, elles aussi.

Sans trahir son désappointement, Hadès conduit sa captive au-delà des hauts murs de ses jardins, où coule un fleuve silencieux et limpide. Sur la berge opposée, s'étend un paysage doucement vallonné. Un vent léger agite les corolles de fleurs jaune safran.

— Des asphodèles ! s'exclame Perséphone.

— Tu vois, elles poussent en liberté.

La jeune déesse s'agenouille pour cueillir l'une de ces fleurs et respirer son parfum, lorsque la prudence retient son geste : « Ne rien prendre de ce qui appartient à l'enfer, sinon c'est l'enfer qui te prend ! »

Hadès la sermonne :

— Tout cela est à toi, désormais.

Perséphone se redresse avec fierté.

— Ce monde n'est pas le mien !

Son regard se porte sur les promeneurs qui foulent, deux par deux, le champ d'asphodèles.

— Voici Hector, le valeureux combattant de la guerre de Troie, dit Hadès. Et celui-ci est Diomède. Il a blessé Aphrodite au cours du siège. Tu les reconnais ?

Les deux guerriers, jadis ennemis, discutent amicalement.

— Leurs manières sont étranges, dit Perséphone, intriguée par la mièvre indolence des deux hommes.

— Ils ont oublié leurs haines et leurs souffrances. Ils sont heureux, désormais.

— En buvant l'eau du Léthé, le fleuve de l'oubli, n'est-ce pas ?

Comme le dieu des Morts ne répond pas, Perséphone s'adresse directement aux promeneurs. À Hector, elle parle d'Andromaque, l'épouse qu'il aimait avec passion. À Diomède, d'Égialée, sa compagne infidèle. Puis elle évoque leurs combats héroïques. Ils la dévisagent avec étonnement. Elle lit dans leurs yeux qu'ils n'ont gardé aucun souvenir du passé et se demandent qui peut bien être cette jeune fille à l'imagination extravagante. Loin de la rassurer, cette indifférence la bouleverse. Lorsqu'ils s'éloignent, elle ne peut s'empêcher de murmurer :

— Ils sont morts deux fois !

Hadès, mécontent, se raidit, telle une statue de marbre.

— La mort peut être infiniment plus douloureuse, fait-il remarquer.

Perséphone soupire :

— Et la vie plus enivrante.

Soudain, Hadès lui prend la main. « Comme ses doigts sont glacés ! » pense-t-elle avec répulsion. Cependant, malgré toute sa volonté, elle est impuissante à se libérer de son étreinte.

— Il y a, dans mon royaume, d'autres curiosités que je veux te montrer.

Ils retraversent les jardins et le palais, et atteignent un carrefour où l'allée de sable blanc fait place à un chemin de terre grise. Celui-ci s'enfonce dans les ténèbres de l'Érèbe. De cette nuit montent des hurlements et des lamentations. La peur renaît. Sa main a-t-elle tremblé ? Hadès la rassure :

— Tu n'as rien à craindre.

Pourquoi cette phrase paraît-elle plus menaçante que la froide cruauté du maître des Enfers ?

3

Au plus profond des Enfers

Malgré les accidents du chemin, Hadès ne lâche pas la main de Perséphone. La jeune déesse a vu des mortels conduire ainsi des enfants, et elle se sent mortifiée.

Leurs pas soulèvent une cendre légère, semblable à de la suie. Peu à peu, les ténèbres paraissent se dissiper. En réalité, ce sont les yeux de la déesse qui s'habituent. Elle distingue maintenant ce que la nuit infernale lui dissimulait : un décor de roches pourpres découpées, aussi tranchantes que des lames, entre lesquelles passent des démons aux yeux de flammes et des ombres apeurées.

Ils traversent une vaste lande, où un vent noir emporte les esprits des morts et les disperse comme les vagues d'un océan furieux. Une pluie froide, tombant du ciel sans étoiles, les gifle. Au bout de la plaine mugissante, une forêt les abrite. Ses arbres, hérissés d'épines vénéneuses, frémissent. Jadis, c'étaient des hommes et des femmes. Ils souffrent, saignent et palpitent, tandis que des démons ailés labourent leur écorce tendre de leurs pattes griffues.

Perséphone frémit d'horreur.

— Pourquoi m'amènes-tu ici ?

— Pour voir ceci, l'escalier du Tartare, dit Hadès.

À l'évocation du nom maudit, Perséphone a un mouvement de recul. Les dieux eux-mêmes redoutent le Tartare où sont enfermés les monstres les plus abominables de l'univers, et les Titans, autrefois vaincus par Zeus.

L'escalier, vertigineux, s'enfonce dans les profondeurs de la terre. Des vapeurs sulfureuses sortent de l'abîme. Dans le fond gronde un feu qui fait penser au cœur d'un volcan en fusion.

Hadès lâche la main de la jeune déesse. Elle vacille comme un oiseau aux ailes blessées.

— C'est un prodigieux spectacle, dit-il, impassible.

Ce n'est pas un ordre, une simple invitation, mais elle contient un défi : « Si tu as peur, tu peux faire demi-tour. » Que lui arrivera-t-il alors ? La froide ironie du dieu des Morts la fait enrager. Partagée entre la peur et l'orgueil, elle hésite. Hadès devance son refus :

— D'abord, je veux te montrer quelqu'un, une de tes connaissances, je crois.

La douceur de ces paroles suscite la méfiance de Perséphone. Pourtant, il a réussi à piquer sa curiosité. Ils franchissent une région nébuleuse, si vite que la jeune déesse a l'impression d'avoir chaussé les sandales ailées d'Hermès, le messager des dieux. Bientôt, ils arrivent dans une étroite vallée, au fond de laquelle coule un fleuve tumultueux.

— Le Styx, annonce Hadès.

Sur la berge, un adolescent agenouillé se penche au-dessus des eaux. Tout en lui manifeste une grâce et une beauté si insolites, dans cet univers de hideur, que Perséphone ne peut s'empêcher de les admirer. Un court instant, il relève la tête, découvrant des traits d'une pureté admirable sous ses boucles brunes.

— Narcisse ! murmure la jeune déesse.

Hadès a dû lire dans ses pensées, ou bien surprendre ses rêveries mélancoliques devant les fleurs qui évoquent le souvenir du bel adolescent. Ce dernier essaie vainement de retrouver son image à la surface du Styx. Hélas, les eaux boueuses du fleuve ne reflètent rien, et Narcisse sanglote de désespoir.

— Pauvre garçon ! soupire Perséphone.

Aussitôt, Hadès fait un signe. Les larmes de Narcisse forment une mare, qui réfléchit son visage extasié.

La déesse regarde son guide d'un air soupçonneux. Elle sait qu'il n'a pas agi par pitié, mais pour démontrer ses pouvoirs et atténuer son antipathie. La suite de son discours le confirme :

— Mort ou vivant, pour lui, ça ne fait aucune différence : il est aveugle, amoureux d'une image qu'il ne possédera jamais.

« Comme toi ! » pense Perséphone. Déjà, Hadès l'entraîne de nouveau à travers la nuit vers l'escalier du Tartare. Au sommet des marches, taillées dans la roche, elle tente de résister, mais une force prodigieuse l'attire. Elle descend durant une éternité. Sous ses yeux, le spectacle est grandiose. Trois immenses remparts s'élèvent, battus par les torrents du Phlégéthon, l'un des fleuves des Enfers, qui roule des torrents de flammes. Une gigantesque tour de fer les domine. Au sommet veille Tisiphone, l'une des terribles Érinyes. Elle garde une porte d'airain forgée par Héphaïstos, le dieu du Feu. Aucune force, humaine ou divine, ne saurait la forcer.

— Tu ne risques rien, répète Hadès.

— Je sais.

Elle affecte l'insouciance, mais un soupçon s'insinue en elle : si Hadès l'enfermait dans cette horrible prison jusqu'à ce qu'elle se plie à la volonté de Zeus et accepte de devenir son épouse ? Au bas des marches, un vent violent la bouscule. Hadès la maintient et la guide vers la porte d'airain. Ils franchissent le Phlégéthon sur un pont de métal, qui ondule sous le souffle brûlant. Devant la porte se tiennent trois géants aux cent bras, les Hécatonchires Cottos, Gyès et Briarée. Perséphone se sent minuscule à côté de ces créatures aussi hautes que des montagnes.

Sur un signe d'Hadès, les monstres s'arc-boutent sur le vantail. Hadès coiffe son casque et ordonne à Perséphone :

— Place tes mains sur mes épaules.

La petite déesse n'est plus en état de protester. Sa vision se disperse dans le vent et les flammes. Elle obéit au dieu des Morts et devient bientôt invisible. La porte d'airain franchie, ils pénètrent dans la partie la plus basse de l'empire souterrain. L'obscurité est totale, et le froid si mordant que la déesse, vêtue d'une légère tunique de lin, se met à trembler. Devant eux, les Hécatonchires brandissent des torches et les protègent contre les monstres des ténèbres.

Dans la nuit, la voix d'Hadès n'est plus qu'un murmure :

— Regarde !

Perséphone entend un grand cri. Au-dessus de sa

tête, la voûte s'illumine. Une roue de feu paraît. Sur le cercle, un homme est attaché, bras en croix, par des serpents. Il brûle pour l'éternité sans se consumer.

— Ixion ! souffle la déesse, fascinée malgré elle par l'abominable spectacle.

Cette roue qui tourne sans fin, projetant autour d'elle ses langues de feu, est d'une beauté tragique et sublime. Sans quitter des yeux le supplicié, Perséphone chuchote :

— Qu'a-t-il fait ?

— Tu l'ignores ? répond Hadès d'une voix sourde. Ce misérable a fait brûler son beau-père dans une fosse de charbons ardents. Il a trahi Zeus qui lui avait pardonné, et a tenté de séduire Héra, son épouse. Pour son malheur, il a goûté à l'ambroisie et il est immortel. Ses tourments n'auront jamais de fin.

Bouleversée par les hurlements du misérable, Perséphone lâche les épaules d'Hadès, et reprend aussitôt sa forme visible. Le maître des Enfers l'entraîne en hâte en dehors du Tartare. Les Hécatonchires referment les portes d'airain, qui résonnent avec un bruit formidable. Hadès ôte son casque. Malgré sa laideur, il semble soudain plus noble et majestueux.

— Ramène-moi sur la terre, implore Perséphone. Je veux retrouver mes sœurs et mes amies, revoir le soleil, respirer le parfum des fleurs, courir dans les prés, être libre...

Hadès a commencé à gravir l'escalier noir. Il se retourne et lui fait face.

— Pas avant d'avoir visité ton royaume.

— Mon royaume ? suffoque-t-elle. Jamais ! Ce monde horrible ? Je déteste la nuit et les morts !

— Tu ne trouveras pas de plus fidèles sujets.

Hadès se moque d'elle. Mais elle n'a aucune envie de rire. Le dieu des Enfers prend tous les prétextes imaginables pour la retenir. Sans l'avouer ouvertement, il refuse de la laisser partir. Elle est prisonnière à tout jamais de l'empire des Morts. Inutile d'invoquer Zeus, complice de son enlèvement. Seule sa mère peut encore lui venir en aide. Elle ferme les yeux et lance un cri muet : « Déméter, je t'en supplie, délivre-moi ! »

4

Le désespoir de Déméter

Assise à l'ombre d'un olivier, Déméter contemple l'éblouissante campagne d'Éleusis. La nuit précédente, une pluie tiède est tombée. À présent, le soleil brille. La terre respire. La vie anime chaque pousse. La récolte sera bonne.

La déesse se lève, s'étire. Elle repousse ses cheveux blonds en arrière. Sa peau a la blancheur du lait ; ses yeux, la douce noirceur des nuits d'été. Un oiseau vient se poser sur son épaule. Il frotte son plumage bleu contre son cou.

— Je sais ce que tu veux, dit Déméter en souriant.

Elle ramasse quelques graines que l'oiseau picore au creux de sa main.

— Vorace ! Ne t'avise pas de toucher aux semences !

Soudain, un cri déchirant retentit. L'oiseau s'enfuit. La déesse frémit :

— Perséphone !

Sa fille est en danger. Le temps d'une pensée, elle se transporte à Enna. Sa fille était là. La déesse peut encore sentir son parfum, que le vent n'a pas réussi à dissiper.

— Perséphone !

Nul ne répond. La plaine d'Enna paraît endormie, mais d'un sommeil tourmenté. Un cauchemar plane sur elle. Déméter la parcourt en tous sens, angoissée. Elle aime sa fille tendre et rieuse plus que tout. Quel démon a pu s'attaquer à elle ? Un silène au corps de bouc ? Une hydre, gigantesque serpent à plusieurs têtes ? Quel qu'il soit, s'il a fait du mal à Perséphone, il le paiera de terrible manière.

À force de chercher, Déméter finit par rencontrer une paysanne épouvantée. En présence de la déesse, resplendissante de lumière divine, la femme s'évanouit.

— Misérable sotte ! gronde Déméter.

Elle convoque les nymphes :

— Vous jouiez avec ma fille. Où est-elle ? Parlez !

— Elle a disparu, risque la plus jeune.

— Ça, je m'en suis aperçue ! s'emporte Déméter.

— Nous étions loin !

Redoutant la réaction de la déesse, elles n'osent pas lui avouer qu'elles ont eu peur et se sont enfuies.

— Athéna et Artémis étaient là, elles aussi, plaide l'une d'elles.

— Et Cyané ?

Elles se regardent, embarrassées :

— Elle est partie.

Déméter se doute qu'elles mentent. Inutile d'insister : elle n'en tirera pas davantage. Elle les chasse, excédée, et appelle les déesses. Athéna paraît la première.

— Qu'est-il arrivé à ma fille ?

— Je l'ignore. Nous chassions dans la forêt...

Au même instant, Artémis se joint à elles, entourée de sa meute. Déméter frappe la terre d'un pied rageur.

— Elle a poussé un cri. Il a dû retentir jusqu'au sommet de l'Olympe. Mais vous... rien ?

— Un amoureux, peut-être... suggère Athéna.

— Un cri de terreur !

Avec les aboiements des chiens et les grondements des fauves, les deux déesses assurent n'avoir rien entendu.

— En tout cas, il ne s'agit pas d'une bête, conclut Artémis, dont les limiers ont flairé la plaine sans détecter la moindre piste.

« Je préférerais », songe Déméter. Derrière le silence contraint de celles qu'elle interroge, elle pressent une conspiration. Sa fille est vivante, mais elle court un terrible danger. Et, au lieu de l'aider, tout le monde lui ment, jusqu'aux propres sœurs de Perséphone.

— Elle vous aimait. Elle avait tort !

Sur ces paroles sévères, elle abandonne Athéna et Artémis, honteuses, pour continuer à explorer la Sicile. Nul ne connaît la terre aussi bien qu'elle, ses montagnes, ses vallées, ses forêts, ses rivières, ses moindres cachettes. Après des jours et des nuits de recherche, elle atteint le fleuve Anapis. Dans l'eau troublée, elle perçoit des larmes, un immense chagrin.

— Cyané ! murmure Déméter.

Sur les galets, près de la berge, flotte une ceinture. C'est celle de Perséphone que la nymphe a laissée là à son intention. La déesse la ramasse et la presse sur sa joue. Elle a maintenant la preuve que sa fille a été enlevée et qu'on lui a fait violence.

— Mais qui ? Qui ?

Son cri déchaîne la tempête, courbe la cime des forêts. Soudain, une forme sombre apparaît. Déméter reconnaît Hécate, la déesse de la Magie. Celle-ci est sa parente et son amie.

— Qui a enlevé Perséphone ? Dis-moi, supplie Déméter.

Hécate incline une tête voilée de noir.

— Si je pouvais ! J'ai entendu son cri de détresse, comme le tien, à l'instant. J'ai vu le ravisseur en songe, sans pouvoir l'identifier, car son visage était environné des ombres de la nuit. J'ai interrogé les puissances occultes. Aucune d'entre elles n'a pu me répondre.

Déméter sent qu'Hécate ne ment pas, et son dernier espoir s'évanouit. La déesse de la Magie est en contact avec les forces les plus obscures de la terre. Fille de Gaia, mère de l'Univers, elle ne redoute ni les démons ni les dieux. Si la divinité capable de percer la plupart des mystères ignore ce qui s'est passé, qui pourra l'éclairer ?

Hécate, compatissante, lui prend la main.

— Pourquoi ne pas interroger Zeus ?

— Je l'ai fait, soupire Déméter. Il prétend ne rien savoir, et se désintéresse du sort de sa fille !

— Alors, Hélios, qui commande le char du Soleil. Rien ne lui échappe, tu le sais. Or, l'attentat a eu lieu en plein jour. Interroge-le !

— S'il avait vu quelque chose, il aurait averti Zeus. Il ne lui cache jamais rien.

— Questionne-le ! insiste Hécate, envahie d'une soudaine révélation.

Le soir tombe. Suivant les conseils de la magicienne, Déméter se rend à l'extrémité du monde, dans le palais d'or et de cristal où Hélios se repose, après avoir conduit tout le jour son char flamboyant sur la voûte céleste. Tandis que ses chevaux se baignent dans l'océan, Hélios est endormi. C'est un jeune homme aux cheveux d'or, d'une beauté éclatante.

Déméter le réveille.

— Qui es-tu ? demande Hélios, effaré.

Aucune mortelle ne peut pénétrer dans son palais éblouissant sans perdre la vue. Or, après avoir parcouru la Terre durant neuf jours sans se laver ni se peigner, Déméter ressemble à une pauvresse.

— Dis-moi où est ma fille !

Déméter penche sur lui un visage ravagé par les larmes. En reconnaissant la déesse sous son masque de douleur, Hélios est bouleversé. Il saisit sa main avec une douceur infinie, secoue les boucles d'or de sa chevelure.

— Je ne peux pas, noble déesse. J'ai juré de garder le secret.

Déméter se libère et le prend à son tour aux épaules avec tant de force qu'il laisse échapper un gémissement.

— À qui, ce serment ? Réponds !

Prise d'un brusque soupçon, elle ajoute :

— À Zeus, n'est-ce pas ?

Hélios incline la tête en silence. Le désespoir de la déesse fait place à la fureur :

— Qui l'a enlevée ?

— Hadès, murmure Hélios, vaincu.

Zeus est capable de l'enchaîner au fond du Tartare pour avoir manqué à sa parole. Mais sa pitié est plus forte que la crainte du châtiment auquel il s'expose.

La déesse pose une main maternelle sur son front.

— Rendors-toi, et oublie.

La lumière qui inonde le palais s'adoucit. Hélios ferme les yeux. Son souffle devient régulier. Une larme de sang glisse sur la joue de Déméter et tombe sur le lit du soleil, où elle se transforme en rubis.

5

La vengeance de la déesse

— Rends-moi ma fille !

— Jamais !

Zeus serre le poing, d'où jaillit un bref éclair. Il prend le ton furieux qui fait gronder les montagnes pour en imposer à Déméter, mais la déesse dressée devant lui ne se laisse pas intimider. Autour d'eux, l'Olympe retient son souffle. Les dieux observent la querelle en silence. Dans les jardins, les Charites, divinités de la Beauté, ont cessé de danser. Les Muses, déesses protectrices des arts, chuchotent. Iris, la messagère, suspend son vol. La tristesse de Déméter rejaillit sur ce séjour radieux. Zeus lui-même la ressent. Il se sent coupable. Et, comme toujours dans ce cas, il noie ses remords dans un océan de colère divine.

— J'ai promis la main de Perséphone à mon frère, oui ! Elle sera son épouse, que tu le veuilles ou non !

Déméter sourit avec mépris.

— L'épouse de ce spectre, jamais !

— Hadès est le glorieux souverain du monde souterrain. Cette union est un honneur pour notre fille.

— Une infamie ! Hadès est laid, fourbe, cruel, pire que les créatures qu'il conduit au fond du Tartare. Un berger finit toujours par ressembler à ses bêtes.

— La douleur t'égare ! Hadès a agi avec mon consentement.

Déméter pointe un doigt accusateur sur le maître des dieux.

— Tu ressembles à ton frère ! Tu n'as même pas eu le courage de me demander mon avis. Vous avez agi dans l'ombre, comme des voleurs !

— Je connaissais déjà ta réponse !

— Et je refuse toujours !

— Peu importe, dit Zeus avec sévérité. Il est trop tard. À cette heure, ta fille est souveraine des Enfers. Un conseil : soumets-toi à ma volonté.

La colère de Déméter s'évanouit. Elle croise les bras et regarde Zeus avec dédain. Ce n'est plus soudain la femme blessée, prête à se jeter aux pieds du maître des dieux, suppliante, mais une déesse impérieuse, dangereuse.

— Avant six mois, tu m'auras rendu Perséphone. En attendant, je ne remettrai plus les pieds dans cette demeure qui est celle du mensonge et de la traîtrise !

Quelques jours après cette querelle divine, en allant puiser de l'eau, les habitantes d'Éleusis remarquent une femme aux cheveux gris, simplement vêtue, mais de noble apparence, assise sur une pierre, près de la fontaine de la ville.

— Tiens, une étrangère, dit Iambé, servante au palais du roi.

— Encore une mendiante ! insinue Baubo, son amie, que son caractère aigri pousse sans cesse à critiquer les autres.

En examinant plus attentivement l'inconnue, Iambé lui trouve un air intéressant, malgré sa pauvre apparence.

— Je ne crois pas, non, murmure-t-elle, en souriant à l'étrangère.

Celle-ci ne lui rend pas son sourire, mais le regard qu'elle lui adresse est si pénétrant que la servante en est bouleversée. « Cette femme est malheureuse », se dit-elle. En regagnant le palais royal, cette pensée l'obsède. Puis les obligations de sa fonction la distraient. Elle l'oublie.

Le lendemain, Iambé et Baubo retournent à la fontaine en compagnie d'un certain nombre de servantes et des quatre filles du roi, qui bavardent gaiement.

— Elle est encore là ! s'exclame Baubo.

L'étrangère est assise sur sa pierre. On dirait qu'elle n'a pas bougé depuis la veille. Le soleil, brûlant, l'inonde de ses rayons.

— Pauvre femme, elle va mourir d'insolation ! s'exclame Callidicé, la plus jeune et la plus compatissante des princesses.

— C'est ce qui peut lui arriver de mieux, grommelle Baubo, qui éprouve une aversion instinctive pour l'étrangère.

— Elle doit avoir soif ! se désole Callidicé.

Elle court à la fontaine, remplit un gobelet et l'apporte à l'inconnue, qui accompagne son refus d'un geste plein de douceur.

— Vous risquez la fièvre par une telle chaleur ! s'inquiète la princesse.

Les yeux de l'inconnue se portent au loin et se voilent.

— La terre va mourir !

Callidicé lance à ses sœurs un regard apitoyé. « La pauvre femme n'a plus toute sa tête ! » Mais

Iambé, native de la campagne, approuve ses paroles :

— Les champs sont malades, c'est certain. Chaque matin, les nuages s'amassent dans le ciel, mais pas une goutte de pluie. La terre est sèche. Je crains pour les récoltes.

Les jours suivants, la femme est toujours là, sur sa pierre, immobile et muette, pareille à une statue. Les Éleusiennes, qui l'ont adoptée, ont pris l'habitude de venir bavarder avec elle. Elle les écoute avec bonté, mais refuse obstinément de répondre à leurs questions. Et son mystère aiguise leur curiosité. Qui est-elle ? D'où vient-elle ? Pourquoi cet air désespéré ? Comment fait-elle pour survivre, car elle refuse toujours de boire et de se nourrir ? Derrière son dos, les langues vont bon train.

— Il y a en elle quelque chose d'effrayant, chuchote Baubo. C'est peut-être une magicienne !

— Et toi, tu es un serpent, réplique Iambé.

Baubo renifle avec mépris.

— N'empêche que les champs sont en train de mourir, comme elle l'a prédit. Les fruits sèchent et tombent des arbres. Rien ne pousse, même pas les mauvaises herbes.

— L'araire de mon frère s'est brisé, renchérit une autre femme. Les pioches, les houes ne résistent pas. Le sol est plus dur que la pierre.

— Si ça continue, nous mourrons tous de faim ! se lamente Baubo.

Montrant l'étrangère, elle grince :

— C'est sûrement elle qui nous a jeté un mauvais sort !

Iambé hausse les épaules.

— Éleusis n'est pas la seule victime du ciel. Le monde entier est devenu stérile. Déméter nous a abandonnés !

— Peut-être est-elle morte, elle aussi, suggère l'étrangère.

Tous les regards se tournent vers elle, car il n'est pas dans ses habitudes de se mêler à leur conversation. Baubo sourit d'un air méprisant.

— Les déesses sont immortelles, tout le monde sait ça !

— Il y a bien des façons de mourir, murmure la femme.

Au même instant, une fillette arrive en courant. Elle marche sur les lanières de ses sandales, trébuche et tombe. Sa tête va cogner la pierre de la fontaine, lorsque, avec un réflexe étonnant, l'étrangère l'attrape par le milieu du corps et la remet sur pied. Puis elle caresse tendrement ses boucles d'or brun.

Iambé dévisage Baubo avec ironie : « Drôle de magicienne qui protège les enfants ! »

Peu à peu, l'inconnue consent à parler davantage, et les femmes d'Éleusis s'émerveillent de sa sagesse et de ses connaissances. « C'est une princesse en exil, disent certaines. Une reine peut-être. » Cependant, Iambé s'alarme de la voir dépérir chaque jour davantage. On dirait qu'elle souffre de la même maladie que le sol. La terre, de plus en plus sèche, ressemble au sable du désert. Par crainte de la famine, les Éleusiens se rationnent. L'étrangère refuse toujours le moindre morceau de pain.

— En tout cas, ce n'est pas elle qui risque d'appauvrir nos provisions ! ricane Baubo.

Chaque matin, Callidicé prend l'habitude de s'asseoir à côté de l'étrangère, sur « la pierre sans joie », comme elle a surnommé le siège que celle-ci affectionne. Elle l'écoute pendant des heures lui décrire les pays lointains qu'elle a parcourus. Elle semble connaître la terre entière.

— J'ai parlé de vous à mon père, Céléos, et à ma mère, Métanire, dit la princesse. Ils sont tous les deux très impatients de faire votre connaissance.

Le regard de l'étrangère se voile de mélancolie.

— Je ne suis qu'une voyageuse sans importance, et mon chagrin risque fort d'endeuiller le palais du roi.

— J'aime ce que vous êtes ! s'écrie Callidicé avec

une ardeur naïve. Et j'espère que vous resterez toujours parmi nous !

Au lieu de réjouir l'étrangère, cet élan d'affection lui arrache un sanglot. Elle pose la main sur la tête de la jeune fille, et celle-ci se sent pénétrée d'une force prodigieuse.

— Je t'aime aussi, murmure simplement l'inconnue.

6

La fascination de l'empire des Morts

Perséphone lutte de toutes ses forces pour s'extraire de sa torpeur. Dans l'atmosphère délétère qui l'environne, elle perd la notion de la réalité. Elle a parfois l'impression de vivre un rêve étrange suscité par Phantasos, le fils d'Hypnos, dieu du Sommeil.

L'empire d'Hadès agit sur elle comme une drogue. Elle subit l'attirance des ténèbres au point d'oublier les abominations qu'elles dissimulent : les monstres qui gardent les issues, les morts qu'on torture, les fleuves infernaux, les boues infâmes du Styx, les gémissements du Cocyte, les flammes dévorantes du Phlégéthon, et les marais putrides de l'Achéron qui sécrète sa propre horreur. De toutes ces visions affreuses, elle ne perçoit que leur sombre beauté.

Chaque jour, Hadès fait déposer devant elle les richesses du monde souterrain : des amas de pierres précieuses, si belles et si pures qu'elle n'en a jamais vu de semblables. Des tissus d'une douceur de pétales. Ou bien toutes sortes de mets délicieux.

Perséphone est tentée : la faim et la soif la torturent. Mais elle n'ignore pas que, si elle accepte l'un de ces présents, aussi minuscule soit-il, elle ne verra jamais plus la lumière du jour. Car celui qui goûte à la nourriture des morts ou emporte du royaume ténébreux le moindre caillou, reste prisonnier des Enfers pour l'éternité.

Hadès assiste, imperturbable, à tous ses refus, en guettant sa réaction avec l'intensité du serpent qui fascine sa proie.

— Regarde ces fruits : tu n'en verras pas de plus beaux. Non ? Que veux-tu donc ?

— Le soleil.

Silence. La petite déesse sait que le dieu des Enfers, comme toutes ses créatures, ne supporte pas la lumière du jour.

— Tu n'as pas soif ?

Perséphone affecte un ton léger :

— Si, de nectar et d'ambroisie, les breuvages divins. Mais je patienterai jusqu'à mon retour sur l'Olympe. Il ne tardera plus. Déméter doit déjà remplir ma coupe. Je la boirai en souvenir de toi, pauvre dieu sans adeptes !

Elle a perçu un souffle glacial. Qu'est-ce qui chagrine Hadès : l'annonce de la victoire de Déméter ou l'évocation de son propre échec ?

— Bois au moins un peu d'eau, dit-il. Elle ne présente aucun danger, car elle provient du monde d'en haut.

Perséphone accepte la coupe d'or ornée de joyaux. L'eau est fraîche et limpide, attirante, inoffensive en apparence. Mais, en la regardant de plus près, Perséphone éprouve un étrange vertige. Sa vision se trouble, ses pensées s'égarent. Prestement, elle éloigne la coupe et verse son contenu sur le sol.

— C'est l'eau du Léthé, le fleuve de l'oubli, n'est-ce pas ? Si je t'avais écouté, j'aurais effacé de ma mémoire le souvenir du monde d'où je viens. Ta ruse te ressemble : elle est laide et infâme !

Hadès s'incline froidement et s'en va. Les reproches et les injures ne l'atteignent pas plus que les flammes du Phlégéthon.

Après son départ, un jeune homme surgit, hilare.

— Bien joué ! s'écrie-t-il.

Perséphone le regarde, étonnée :

— Tu n'es pas une ombre ? Non, tu es bien vivant ! Qui es-tu ?

Le joyeux personnage s'incline.

— Ascalaphos, pour te servir. Ma mère est une

nymphe du Styx et de l'Achéron. J'appartiens au monde infernal, mais je suis libre d'aller et venir à ma guise.

— Jusque dans la demeure d'Hadès ?

Ascalaphos met un doigt sur ses lèvres.

— Il l'ignore.

— S'il revenait tout à coup ?

— Aucun risque. Je sens la présence de l'Invisible. En ce moment, je peux te dire qu'il est fort loin, à l'entrée de son royaume, près du pays des Cimmériens.

Le visage de Perséphone s'illumine.

— Peux-tu me guider jusque là-bas ?

Ascalaphos secoue la tête en signe de dénégation.

— Ma mère te récompenserait, insiste Perséphone.

— On ne sort pas des Enfers sans la permission d'Hadès, même toi, belle déesse. Mais pourquoi partir ? Ce monde repoussant recèle des trésors insoupçonnés.

Les lèvres de Perséphone dessinent un sourire amer.

— J'ai vu ça !

— Je parie que tu ne connais pas le verger d'Hadès, chuchote Ascalaphos.

— J'ai visité ses jardins, toutes ces fleurs captives.

— Le verger est plus intéressant. D'où crois-tu

que proviennent les fruits délicieux que les serviteurs du maître t'apportent chaque jour ? Même l'Olympe n'en a pas de plus savoureux.

La déesse, intriguée, examine les fruits. Ce sont ceux de la terre. Comment les Enfers pourraient-ils produire de telles merveilles ?

Ascalaphos s'incline, cérémonieux.

— Si tu veux bien me suivre.

Comme elle hésite, redoutant un piège, il se met à rire.

— Ce n'est pas interdit.

Les portes de bronze s'ouvrent devant eux. Perséphone suit l'adolescent de salle en salle, jusqu'à un enclos resplendissant de lumière où, sur un sol gris, s'alignent des centaines d'arbres chargés de fruits. Ici, ni ombre fugitive ni serviteur empressé. L'endroit est paisible et désert. Perséphone se promène dans les allées. Sa main caresse les fruits énormes et juteux. « Mordre dans l'une de ces chairs savoureuses ! » Pour échapper à la tentation, elle ferme les yeux. Comment de telles merveilles peuvent-elles naître parmi tant de laideur ?

— Illusion ! soupire-t-elle.

— Réalité ! riposte Ascalaphos en détachant d'un grenadier un fruit doré.

— Que fais-tu ? s'écrie la déesse.

Elle regarde autour d'elle, inquiète de voir surgir les gardiens du palais. Ascalaphos se met à rire.

— Ces fruits ne demandent qu'à être cueillis. Ni vu ni connu, regarde !

Sur la branche du grenadier, le fruit a déjà repoussé, si semblable à l'autre qu'on dirait que rien n'a changé. Cependant, loin de rassurer la déesse, ce phénomène merveilleux lui paraît suspect. Elle a appris à se défier des pièges d'Hadès.

Ascalaphos pose la grenade sur une table de marbre et la tranche en deux moitiés d'un coup de silex. Le fruit révèle un cœur pourpre. Des grains se détachent. Le jus tache la pierre. Ascalaphos y trempe les doigts et les lèche.

— Délicieux !

Il s'incline devant Perséphone, avec le faux respect dont il a usé un instant auparavant :

— Demain, si le maître y consent, je te conduirai jusqu'aux îles bienheureuses. Tu y rencontreras le dieu Cronos et tous les héros qui vivent en liberté, car ils n'ont pas bu l'eau du Léthé.

— Demain, je ne serai plus là ! dit Perséphone avec impatience.

Elle trouve le sourire d'Ascalaphos sournois et insolent.

— Qui sait ? dit-il. Tu voudras peut-être rester. Tout le monde le souhaite. Une reine des Enfers telle que toi ! Ta beauté illuminera nos ténèbres.

La déesse chasse l'audacieux d'un geste impatient. Elle l'entend qui s'éloigne. Les portes de bronze s'ouvrent et se referment. Elle reste seule dans l'enclos endormi. Mélancolique, elle se promène dans les allées en rêvant aux murmures des sources, et aux fruits nés de la terre de Déméter et mûris au soleil.

Par un étrange hasard, ses pas la ramènent toujours vers la table de marbre. Machinalement, elle prend un grain de grenade et le porte à sa bouche. Son goût est exquis. Soudain, elle prend conscience de ce qu'elle vient de faire : elle a goûté à la nourriture des Enfers. Si Hadès vient à l'apprendre, il la gardera à tout jamais dans son royaume. Même Déméter ne pourra plus rien pour elle !

Elle examine l'enclos avec terreur. Puis elle se rassure. Nul ne l'a vue. Nul ne saura jamais !

7

Le petit prince

— Tu dois m'écouter !

L'étrangère, assise sur la pierre sans joie, regarde avec ennui le personnage aux allures de guerrier campé devant elle.

— Passe ton chemin, l'ami. Le nettoyage de ta porcherie réclame ta présence !

L'homme laisse échapper un geste de colère. Cette comédie ridicule a suffisamment duré. Il n'ignore pas que Déméter se cache sous les traits de la vieille inconnue d'Éleusis. De son côté, elle sait fort bien qu'elle s'adresse à Zeus, qui vient de lui apparaître sous cette forme humaine.

— N'éprouves-tu aucune pitié ? s'emporte le maître des dieux. Par ta faute, la terre n'est plus qu'un désert. Les hommes et les bêtes meurent de faim. Combien de temps encore vas-tu poursuivre ce jeu cruel ?

Elle lève sur lui un regard tranquille et déterminé :

— Pas longtemps, j'espère : jusqu'au retour de ma fille.

— Je parlerai à Hadès, promet Zeus à contrecœur. Mais ne peux-tu pas faire un geste ? Ces champs affreux...

— Ils ressemblent à ceux où tu as plongé Perséphone.

Zeus lève un bras menaçant :

— Je devrais te punir !

Déméter se dresse à son tour, et défie le maître de l'Olympe :

— Eh bien, qu'attends-tu ?

Zeus sait qu'il ne peut imposer sa volonté à la déesse. Sans elle, la terre serait vouée à une mort certaine. Il cède, tourne le dos et s'en retourne, plein de fureur.

Témoin de la scène, Iambé accourt avec ses compagnes.

— Cet homme te menaçait ? Que voulait-il ?

— M'imposer sa volonté.

Iambé dévisage l'étrangère avec stupéfaction :

— Et tu as refusé ?

— Ça, oui !

— Mais cet homme était beau comme un dieu ! s'écrie la servante.

Déméter ne peut s'empêcher de sourire. C'est la première fois depuis son arrivée. Devant ce prodige, Iambé danse de joie.

— Un sourire, enfin ! Depuis qu'on l'attendait, celui-là ! Pour renoncer à ta mine d'enterrement, il t'a fallu rencontrer un homme !

— Un dieu, rappelle Déméter en souriant plus largement.

Ces femmes sont gentilles, mais elles ignorent la vraie raison de ce bonheur soudain. Zeus accepte de lui rendre sa fille. Tout dépend, bien sûr de la décision du dieu des Enfers, mais Hadès a l'habitude de céder aux désirs de son frère. Perséphone retrouvera bientôt sa liberté, elle en est certaine, maintenant. Cette pensée lui donne envie de récompenser les Éleusiennes qui l'ont soutenue durant ces jours de désespoir. À cet instant, l'arrivée de Callidicé, tout excitée, lui en fournit le prétexte.

— Mes parents vous attendent !

Chez les souverains d'Éleusis, Déméter pourra servir ses amies et s'acquitter de sa dette. Elle accepte de suivre la princesse au palais.

Avec ses énormes blocs de pierre et ses salles sombres, la demeure ressemble plus à une forteresse qu'à un palais. Mais le roi Céléos est un personnage débonnaire, et son épouse, Métanire, témoigne de grands égards à son invitée. Les trois sœurs de Callidicé : Callithoé, Clisidicé et Démô sont là, elles aussi.

— Mes filles me parlent de vous depuis des mois, dit la reine.

Déméter regarde les princesses avec une amitié sincère.

— Ma tristesse les a sans doute émues. Voyez-vous, j'ai récemment perdu ma fille. J'étais désemparée. L'intérêt qu'elles m'ont témoigné et la gentillesse de vos gens ont soulagé mon chagrin.

Des serviteurs apportent des fruits confits et des gâteaux, ainsi qu'une boisson fraîche, le kubéion, mélange d'eau, d'orge et de menthe. La reine s'excuse de la pauvreté de ces aliments. Cependant, ils constituent un véritable festin, dans l'état de dénuement où se trouve le royaume.

— La terre ne produit plus rien et la nourriture devient chaque jour plus rare, soupire Métanire.

Déméter compatit aux souffrances d'Éleusis. La courtoisie l'oblige à goûter aux délices qu'on lui offre de si bon cœur. Tandis qu'elle savoure le kubéion, la reine la questionne :

— Callidicé vous dit fort savante. D'où venez-vous, si ce n'est pas indiscret ?

— De Crète, répond Déméter. Mais j'ai beaucoup voyagé, beaucoup appris.

Une passionnante conversation s'ensuit, au cours de laquelle le roi et la reine constatent que leur fille n'a pas exagéré : l'étrangère possède un esprit remarquable et des connaissances stupéfiantes. En outre, il émane d'elle une grâce vraiment royale.

Après avoir consulté son époux, Métanire demande :

— Vous plairait-il de travailler au palais ?

La déesse est sur le point de refuser. Il ne lui sied guère d'être servante, au même rang que Iambé, qui observe la scène à l'écart.

— Nous avons un fils, Démophon, dit la reine.

— Mon jeune frère, précise Callidicé.

Elle met la main devant la bouche et rougit, confuse d'avoir interrompu sa mère. Celle-ci sourit avec indulgence.

— Je sais combien vous aimez les enfants, poursuit-elle. Vous pourriez veiller sur lui, former son esprit, lui communiquer vos connaissances. Malgré son jeune âge, il est déjà fort éveillé. Il a besoin d'une préceptrice.

Déméter regarde la famille royale. Ces gens-là lui plaisent. Ils ne manifestent ni orgueil ni mépris. Ils l'ont accueillie en amie sans réellement la connaître. Ce comportement révèle leur générosité. Elle incline la tête.

— Je suis flattée. Avant de vous répondre, puis-je voir le petit prince ?

Aussitôt, la reine donne des ordres. Démophon arrive, accompagné de sa nourrice, Praxithéa. Le jeune garçon est d'une très grande beauté. Son regard curieux fait le tour de l'assemblée et se fixe sur Déméter. Ses yeux s'illuminent. Entre le prince et la déesse s'instaure immédiatement une affection réciproque.

— Je veillerai sur votre fils comme si c'était le mien, déclare Déméter.

Sans attendre la permission de la reine, Démophon se jette dans les bras de la déesse. Cet élan met toute la société en joie, mais il suscite la jalousie de Praxithéa, qui a nourri l'enfant et se voit dépossédée de sa fonction après s'être occupée de lui depuis sa naissance.

Sur l'instant, elle fait bonne figure et accueille la préceptrice avec respect. Mais, derrière son dos, elle s'efforce de monter les autres servantes contre l'étrangère venue dont ne sait où.

— Je persiste à dire que c'est une magicienne, murmure Baubo, toujours fielleuse. Il faut détenir de mystérieux pouvoirs pour séduire comme elle l'a fait les princesses et nos souverains.

— Il faut être noble, savante et intelligente, tout ce que tu n'es pas, riposte Iambé.

— En tout cas, tu peux compter sur moi pour la surveiller, ta noble créature, marmonne Praxithéa.

Cependant, au fil des jours, Déméter se révèle une compagne agréable au point que toutes les servantes oublient leurs préventions à l'égard de l'inconnue, sauf la nourrice et Baubo, qui ne désarment pas.

Démophon grandit. Son intelligence et ses connaissances se développent si vite qu'elles sidèrent les savants qui fréquentent la cour de Céléos. Physiquement, le prince devient beaucoup plus robuste que les enfants du même âge.

— S'il continue ainsi, il deviendra un véritable géant, s'émerveille le roi.

— Un grand roi de toutes les façons, s'attendrit Métanire, ravie de l'influence de la préceptrice sur le jeune prince.

Car il ne fait aucun doute que le régime corporel et intellectuel auquel Déméter soumet Démophon est responsable de ces progrès stupéfiants.

Céléos est si fier de son fils qu'il l'autorise parfois à assister au conseil royal, en dépit de son jeune âge. Assis à ses pieds, l'enfant écoute en silence les discours du roi et de ses ministres.

Un jour, un soldat de la garde du palais pénètre dans la salle et demeure immobile, comme s'il était en faction. Puis, insensiblement, il se rapproche du monarque et se glisse derrière le trône sans se faire remarquer. Soudain, Démophon bondit et se jette dans les jambes de l'homme, en criant :

— Père, attention !

Le soldat, qui a tiré une arme pour poignarder Céléos, trébuche et s'effondre. Attirés par le vacarme, les gardes fidèles maîtrisent l'assassin et dégagent le prince. On découvre que l'homme a été soudoyé par Argatiran, l'ennemi du roi.

Céléos soulève son fils dans ses bras.

— Comment as-tu fait pour deviner les intentions de ce misérable ? demande-t-il, étonné.

— Aria m'a enseigné à lire dans les cœurs, répond Démophon avec fierté.

Aria est le joli nom que le prince donne à Déméter. Le roi sourit, tout ému.

— Eh bien, j'espère que ta préceptrice saura lire dans le mien. Elle y verra une reconnaissance éternelle !

8

La magicienne

Hécate a informé Déméter que Zeus a envoyé Hermès, le plus subtil des dieux, au royaume des morts afin de négocier le retour de Perséphone. Mais le messager divin tarde à revenir. Hadès se fait prier, et l'anxiété ronge le cœur de la déesse.

Afin de tromper son impatience, elle se consacre jour et nuit à Démophon. À travers lui, elle a décidé de récompenser les souverains et leurs sujets en offrant l'immortalité au futur roi.

Le prince mérite ce cadeau prodigieux, car il est pur, généreux, affectueux, intelligent et hardi. Déméter a tenu la promesse faite à Métanire : elle aime l'enfant comme son propre fils. Chaque jour, elle le frictionne avec de l'ambroisie, la liqueur des dieux. La nuit, elle plonge son corps dans le feu. Le jeune prince supporte l'épreuve sans effroi, et résiste à la douleur avec un courage qui fait l'admiration de la déesse.

— Une graine d'immortel !

— Quand serai-je comme toi ? s'impatiente Démophon.

Déméter lui caresse les cheveux en riant.

— Il faut du temps pour faire un dieu d'un simple mortel. Mais tu te transformes. Tout le monde le remarque. Un peu trop, du reste. Il ne faudrait pas qu'on découvre la vérité avant ton ultime métamorphose.

Déjà, le changement tient du prodige. Démophon paraît plus vieux que son âge, et certains accusent la préceptrice. « Elle a ensorcelé le prince ! » songe Praxithéa avec rancune. Elle resserre sa surveillance. Les absences d'Aria lui paraissent suspectes. Elle disparaît parfois des journées entières sans que la nourrice sache où elle va. Elle a beau interroger les servantes et les gardes, nul ne peut la renseigner. Praxithéa fait part de ses soupçons à Métanire, qui la traite de vieille folle.

— Ne t'aventure pas à lui déplaire, ordonne-t-elle. Le prince l'adore, et le roi va bientôt lui témoigner sa reconnaissance en la nommant conseillère.

Ces propos exacerbent la jalousie de la nourrice.

Un matin, elle surprend Déméter en train de répandre l'ambroisie sur le corps de Démophon. Elle renifle la substance avec méfiance.

— Tu en veux ? propose la déesse.

Elle fait tomber quelques gouttes dans le cou de Praxithéa, après avoir substitué une liqueur acide au breuvage divin. Les cris de la nourrice provoquent l'hilarité de Déméter et de Démophon.

« Je me vengerai ! » jure Praxithéa. Elle perd l'appétit et le sommeil, épie sans cesse. Une nuit, par une fente du mur, elle aperçoit de grandes flammes dans la chambre du prince. Croyant à un incendie, elle se précipite, pousse la porte. Un spectacle terrible la cloue sur le seuil : la magicienne est en train de plonger Démophon dans le feu. Étouffant un hurlement, elle se précipite dans les appartements de Métanire.

— Ma reine, vite, votre fils est en train de brûler !

Métanire et ses suivantes accourent avec Praxithéa. Horrifiées, elles voient la préceptrice maintenir l'enfant au-dessus des flammes.

— Misérable ! crie la reine. Gardes ! Venez, saisissez-vous de ce monstre !

Les soldats se ruent dans la pièce, les armes à la main. À peine ont-ils franchi le seuil, un souffle ardent les terrasse et réduit leurs épées en cendres. La déesse se dresse devant eux dans toute sa majesté. Les femmes gémissent de terreur et se couvrent le visage pour ne pas être aveuglées par le rayonnement divin.

Lorsque tout s'apaise, Métanire est stupéfaite de voir la préceptrice penchée sur le prince, qui lui sourit.

— Que voulais-tu faire à mon enfant ? demande-t-elle d'une voix tremblante.

La préceptrice la regarde avec tristesse.

— Je suis la déesse Déméter. Ton irruption inopinée prive ton fils d'un destin magnifique, car je voulais faire de lui un immortel. À présent, il est trop tard.

— Trop tard ? Pourquoi ? s'exclame Démophon.

La déesse tourne le dos aux femmes et aux soldats pour s'adresser au jeune garçon :

— Je suis désolée pour toi, petit prince. Mais l'épreuve du feu, à laquelle tu t'es soumis si vaillamment, doit se dérouler sans témoin, et surtout ne pas être interrompue. Estime-toi heureux de n'avoir pas brûlé comme un brin de paille. Un mortel ordinaire n'aurait pas survécu. Toi, tu étais déjà au-delà. Dommage...

— Alors, je ne serai jamais un dieu ? murmure Démophon d'une voix brisée.

Déméter lui sourit.

— Non, mais tu peux être un grand roi, faire le

bonheur de tes sujets et de tous les hommes. Pour que tu y parviennes, je vais t'offrir un riche présent.

Les yeux du prince brillent à travers ses larmes.

— Un présent ?

Déméter tend la main. Sur sa paume repose une graine minuscule.

— Ça ? s'étonne Démophon, croyant à une plaisanterie.

— Le plus riche cadeau du monde : un grain de blé. Je t'enseignerai un jour à le planter, à le cultiver, puis à moissonner. Il permettra de nourrir des millions d'hommes... Je dois maintenant partir, mais je reviendrai, je te le promets. N'oublie pas que je suis la déesse de la Terre nourricière. La terre est malade ; je dois la guérir. Tu m'aideras à la rendre plus prospère.

Avant de quitter le palais, la déesse s'arrête devant Praxithéa, prosternée à ses pieds.

— Toi, nourrice, je devrais te châtier pour ta stupide jalousie. Mais je préfère croire que tu as agi, non par rancœur, mais pour protéger le prince. Aussi, je te pardonne.

La pensée de Perséphone pousse Déméter à l'indulgence. Elle vole aussitôt vers l'Olympe, en proie à une sourde appréhension. Un tragique événement s'est produit. Elle ignore encore lequel, mais son cœur lui dit que sa fille est en danger.

Tandis que Déméter plonge Démophon dans le feu pour le rendre immortel, un drame se déroule au royaume des morts. Se croyant seule, Perséphone cède à la tentation et goûte à la grenade du verger d'Hadès. Ce qu'elle ignore, c'est qu'Ascalaphos a fait semblant de quitter le palais du maître des Enfers. Il est resté caché derrière un arbre de l'enclos.

Il voit la jeune déesse succomber à la tentation, et se frotte les mains. Son stratagème a réussi : il a piégé Perséphone pour complaire au dieu des Morts.

Dès que la déesse a goûté au fruit défendu, il se glisse hors du verger et rejoint Hadès. Il s'incline devant lui avec une jubilation obséquieuse.

— Maître, votre épouse a mangé un fruit du verger.

— Quel fruit ? demande Hadès.

— Un grain de grenade.

C'est peu, mais suffisant. Le dieu des Morts devient soudain plus majestueux et triomphant. Il a obtenu ce qu'il souhaitait. La jeune et belle compagne qu'il convoitait pour adoucir sa solitude et partager les richesses de son empire lui appartient désormais. Nul ne pourra contester son droit, car elle a enfreint la loi infernale.

9

Le jugement de Zeus

L'Olympe est en fête. Sur le parvis d'or du palais de Zeus, les dieux sont réunis autour d'un fastueux banquet. Des jardins voisins parviennent le murmure des fontaines et les chants des Muses. L'arc-en-ciel d'Iris se dessine dans le ciel. De temps en temps explose le rire tonitruant du maître des dieux, réjoui par les éternelles querelles d'Aphrodite et d'Héphaïstos.

Cette gaieté s'éteint brusquement à l'irruption de Déméter. En la voyant, Hébé, la fille de Zeus, répand à terre le nectar qu'elle est en train de verser dans les coupes des convives. Athéna et Artémis baissent les yeux. Et Zeus laisse échapper un geste de colère en constatant que Déméter a conservé son apparence de vieille femme. Celle-ci regarde avec sévérité les dieux parés d'habits somptueux.

— Où est ma fille ?

— Au royaume d'Hadès, tu le sais fort bien, répond Zeus, irrité.

— Perséphone devait revenir parmi nous ! se récrie Déméter. J'ai réveillé la terre, libéré la végétation. N'étions-nous pas d'accord ?

— La décision ne dépend pas de moi !

— Non ? Alors, où se cache donc le maître des dieux ?

Déméter fait semblant de chercher Zeus au milieu des convives. Le dieu de la Guerre, cuirassé de bronze, orgueilleux et stupide, s'indigne de l'offense faite à son père, tandis qu'Héphaïstos, le dieu du Feu, rit dans sa barbe. Hermès, le divin messager, juge bon d'intervenir :

— Je suis allé chercher ta fille dans les Enfers, suivant les ordres de Zeus. Hélas, son retour est impossible, car elle a goûté la nourriture des ombres.

— Que dis-tu ? s'exclame Déméter.

— C'est la pure vérité, confirme Zeus.

Le visage ridé de la déesse exprime le plus profond mépris :

— Cette vérité est tout ce que tu voudras, sauf pure !

— Que tu le veuilles ou non, Perséphone a transgressé la loi des Enfers en mangeant un grain de grenade.

— Encore une perfidie d'Hadès ! s'emporte Déméter. Ce monstre est capable de tout pour obtenir ce qu'il désire.

La voix froide et métallique du dieu des Morts résonne soudain sur le parvis :

— Je ne suis pas responsable de ce qui est arrivé. Je n'étais pas là lorsque la fatalité s'est produite.

À en juger par l'expression étonnée et hostile de la plupart des dieux, la présence d'Hadès sur l'Olympe est imprévue. Celui-ci vient rarement se mêler à eux, car il n'est pas le bienvenu. Sa laideur sinistre jette un froid dans le séjour radieux. On ne l'appelle qu'en cas de besoin. À plusieurs reprises, il a aidé Zeus. Et il est l'un des rares à lui avoir été toujours fidèle. Il est puissant, d'autant plus redoutable qu'il tient les Titans enfermés dans la prison du Tartare. Si celle-ci venait à s'ouvrir...

Hébé s'enfuit. Les Heures, gardiennes des portes du Ciel, se cachent derrière les bosquets. Et les Charites, divinités de la Beauté, font la grimace devant le masque hideux du dieu des Morts. Indifférent au dégoût qu'il inspire, celui-ci s'avance vers la table du banquet.

Déméter se dresse devant lui.

— Si tu étais absent, comment sais-tu que Perséphone a goûté à ce fruit ?

Hadès croise les bras, d'un geste qu'il veut souverain.

— Un de mes serviteurs l'a surprise.

— Sans doute l'un de ces maudits que tu manipules !

— Le fils d'une nymphe de l'Achéron.

— Eh bien il a menti ! Ma fille serait bien incapable de mettre à la bouche les ignobles nourritures de ton pourrissoir.

— Elle l'a fait ! tonne Zeus. La loi divine s'applique à elle comme à tous les autres.

— Alors, dis adieu à la terre !

Devant l'obstination de la déesse, la fureur de Zeus se déchaîne. Le ciel est sillonné d'éclairs et le palais d'or se met à trembler. Quand cet orage s'apaise, Héra intervient :

— Quelles que soient les lois et tes propres raisons, tu ne peux priver éternellement une mère de sa fille.

Héra n'est pas seulement l'épouse de Zeus, elle est aussi la déesse du Foyer et la protectrice des enfants. Déméter lui adresse un regard reconnaissant.

Zeus, installé sur son trône, examine tour à tour Hadès et Déméter, dressés face à lui comme deux plaignants devant leur juge.

— Voici ce que je propose, dit-il. Perséphone deviendra l'épouse de mon frère, comme je l'ai promis...

D'une main impérieuse il réprime la rébellion de Déméter.

— Mais, durant six mois, Perséphone aura le droit de quitter son époux pour vivre en compagnie de sa mère.

— J'y consens, déclare Hadès sans hésiter.

— Pas moi !

Zeus hausse les épaules.

— Pourquoi t'entêter ? Ta fille elle-même accepte ce jugement.

Déméter considère le maître des dieux avec stupeur. Si Hadès lui avait affirmé cela, elle aurait mis sa parole en doute. Mais elle est sûre que Zeus ne lui ment pas. Quelle terrible pression le dieu des Enfers a-t-il exercée sur Perséphone pour qu'elle se résigne à passer la moitié de l'année dans les ténèbres ?

— Je te répondrai après avoir questionné ma fille.

Zeus consulte son frère du regard. Hadès s'incline.

Sans perdre de temps, Déméter se rend au royaume des morts. En parcourant le monde ténébreux, la déesse de la Terre ne peut s'empêcher de frissonner. L'air glacé, les roches sanglantes, la puanteur des marécages, les lamentations, les cris d'agonie la bouleversent.

La partie noire de la demeure d'Hadès lui paraît sépulcrale. Des torches aux lumières rouges éclairent des salles aux voûtes invisibles. Ses pas résonnent. Des portes de bronze s'ouvrent devant elle, et se referment après son passage. Elle parvient ainsi dans la partie claire, dont la lumière ne dissipe pas la froideur.

Au sommet de six degrés de marbre gris, une jeune fille est assise sur un trône de pierre. Déméter a du mal à reconnaître Perséphone dans ce personnage triste et impassible. Elle lui tend les bras. La jeune déesse se contente d'incliner la tête. « Elle m'en veut parce que je n'ai pas réussi à la délivrer à temps », pense Déméter. Cependant, ce qui suit éclaire l'attitude de Perséphone d'une manière toute différente.

— As-tu réellement goûté à ce fruit ? questionne Déméter.

— Oui.

Le ton de la jeune fille est détaché. Pourtant, on sent qu'elle n'est pas résignée. Il y a en elle une force surprenante, une sorte de dureté.

— Tu vas épouser Hadès ? C'est bien vrai ?

Perséphone approuve :

— Je serai reine des Enfers.

— Mais tu me reviendras, n'est-ce pas ?

— Tous les six mois.

« Quelle froideur ! s'afflige Déméter. Le temps qu'elle a passé dans cet enfer a transformé ma douce déesse. Ces lieux funèbres exercent sur les hommes et les dieux eux-mêmes une horrible attirance ! »

— Ce fourbe qui t'a dénoncée à Hadès, qui est-il ?

— Ascalaphos.

— Qu'on aille le chercher !

La voix impérieuse de Déméter se répercute entre les murs du palais. Des serviteurs s'empressent. Au bout de quelques minutes, Ascalaphos paraît, tremblant de peur. Il n'ignore pas que la vengeance de Déméter risque d'être effroyable, et qu'il n'a aucune aide à attendre d'Hadès, bien qu'il ait favorisé ses desseins.

— Misérable ! fulmine Déméter. Tu as osé tromper ma fille !

— Par fidélité pour mon maître ! plaide Ascalaphos.

— Par méchanceté. Tu cherchais une récompense ? Eh bien tu vas recevoir celle que tu mérites. Tu as agi comme un misérable ver, tu vivras désormais comme lui !

En disant cela, elle empoigne Ascalaphos et le traîne jusqu'au verger. Le sol se creuse sous les pieds du coupable. Il s'enfonce, disparaît. Déméter recouvre le trou d'un énorme rocher.

La joie cruelle de Perséphone alerte sa mère. Jadis, la douce déesse aurait intercédé en faveur du misérable. Là, on dirait qu'elle éprouve un plaisir pervers à le voir souffrir.

« On m'a changé ma fille ! se tourmente Déméter en sortant du pays des morts. Hadès corrompt tout ce qu'il touche. Tiendra-t-il sa promesse, les six mois écoulés ? Et Perséphone, comment réagira-t-elle au contact du monde de lumière qui était le sien ? »

En arrivant sur l'Olympe, elle reprend l'aura et la majesté d'une déesse. Zeus se réjouit de la revoir ainsi :

— Tu as revu ta fille ?

— Ce n'est pas elle que j'ai rencontrée, mais l'épouse d'Hadès.

Athéna et Artémis, émues par ses propos amers, veulent la consoler. Déméter se dérobe. Elle n'oublie pas que les deux déesses connaissaient l'auteur de l'enlèvement et se sont tues.

— Souhaitez que Perséphone revienne à la lumière, dit-elle, menaçante. Car la terre dormira en son absence. Les arbres perdront leurs feuilles. Pas un seul grain ne poussera avant son retour.

— Chaque printemps, elle sera là, assure Zeus.

Déméter laisse échapper un soupir mélancolique :

— Ce sera une merveilleuse saison.

10

Un visiteur encombrant

Il a fallu quelques semaines à peine pour faire de la déesse du Printemps la reine du Monde souterrain. Perséphone a perdu sa fraîcheur juvénile au profit d'une beauté de glace, qui fascine tous ceux qui l'approchent. Sa puissance surpasse celle d'Héra ; elle en est fière. Dans son empire, des myriades d'esclaves se plient à toutes ses volontés. Elle possède les plus beaux bijoux, les habits les plus somptueux, les objets les plus rares. Tout le monde la redoute, car Hadès a tenu ses engagements en lui transmettant ses pouvoirs. Aucun de ceux qui franchissent le seuil des Enfers ne peut lui résister.

Pourtant, Perséphone s'ennuie. Après avoir fait

le tour complet de son royaume, assisté avec curiosité à des supplices raffinés, contemplé le spectacle hallucinant des pluies de feu, apprécié la docilité des monstres hideux qui se prosternent sur son passage, elle s'est lassée de ce monde de ténèbres et de cris.

Hadès l'abandonne la plupart du temps. Au lieu de la réjouir, cette absence la contrarie. Non qu'elle aime la compagnie de cet époux laid et taciturne, mais le pouvoir auquel elle tient le plus est celui qu'elle exerce sur lui. Subjugué par sa jeune beauté, Hadès satisfait le moindre de ses caprices.

Triomphe insuffisant pour Perséphone. Depuis quelque temps, Hadès s'éloigne davantage. Il emporte son casque magique et sort du monde souterrain. Invisible, il croit échapper à la surveillance de son épouse. Mais la déesse sait maintenant tout ce qui se passe dans son empire et au-delà. Elle a ses espions. Et elle s'est prise d'amitié pour Hécate, la magicienne, qui comprend tout, même l'inexplicable.

Celle-ci est formelle : Hadès est amoureux d'une autre !

D'abord, Perséphone a cru à une plaisanterie. Amoureux, son époux, si laid, ingrat et lugubre ? Comment ce spectre pourrait-il séduire une femme ? Elle-même, tout en partageant sa royauté, ne lui a jamais permis de l'approcher. Mais une autre a cédé et gagné le cœur d'Hadès, il lui faut se rendre à l'évidence.

Cela, Perséphone ne le supporte pas. Profitant d'une absence de son époux, la déesse va trouver la coupable. Elle se nomme Menthé. Fille du Cocyte, l'un des fleuves infernaux, c'est une nymphe jeune et fort belle, quoique d'une pâleur extrême.

À la vue de la reine, la nymphe veut s'enfuir, mais Perséphone la renverse et la piétine sauvagement :

— Voilà pour t'apprendre à voler mon époux !

— Nous nous aimions déjà bien avant votre venue, plaide la petite nymphe.

Loin d'apaiser la déesse, cette révélation attise sa fureur :

— Pourquoi ne t'a-t-il pas épousée ?

— C'est qu'il ne m'en a pas jugée digne.

Menthé pleure de douleur et de désespoir, car la reine l'a blessée cruellement. Elle a beau supplier, ses souffrances ne désarment pas sa rivale.

— Tu n'es même pas digne de vivre ! enrage la déesse.

Elle la transforme aussitôt en une plante sauvage, la menthe. Il ne reste de la jolie nymphe que son parfum, une légère odeur épicée.

Quand Hadès revient de son lointain voyage, Perséphone suppose qu'il va lui reprocher le sort cruel qu'elle a réservé à sa nymphe bien-aimée.

Mais il ne dit rien. Pas un mot. Il redoute les colères de son épouse, et Perséphone s'en réjouit.

Cependant, Hadès s'éloigne encore, et la déesse souffre de solitude. Le châtiment de Menthé l'a distraite un moment. À présent, il ne lui reste plus de rivale à punir. Rien de plus monotone, à la longue, que la souffrance des hôtes infernaux. Quant aux démons, ils sont stupides !

Perséphone s'enferme dans son palais. Elle visite pour la centième fois le verger et les jardins. Mais les fruits et les fleurs n'ont pas la fantaisie de ceux qui poussent au soleil.

Soudain, un cri la tire de sa lassitude chagrine :

— On a forcé la porte des Enfers !

Celui qui hurle est un démon épouvanté.

— Calme-toi ! ordonne-t-elle.

Le démon se prosterne à ses pieds.

— On a forcé la porte, la belle affaire ! Que viendrait-on voler chez moi ? raille-t-elle. Tes cornes, peut-être ?

— L'intrus a fait entrer la lumière, balbutie le démon.

Le soleil ! L'affreux soleil qui chasse les ombres et risque de détruire les âmes !

— Que font donc vos féroces gardiens, dis-moi ? N'ont-ils pas interdit le passage au téméraire ?

Le démon se relève, mais son échine reste courbée, craintive.

— Ils ont essayé. Le robuste Charon, qui transporte les morts sur le Styx et l'Achéron, l'a attaqué à coups d'aviron.

— Eh bien ?

— L'étranger l'a assommé à coups de poing !

La déesse dissimule un sourire. Elle déteste le passeur, un vieillard irascible et grossier.

— Il doit être bien fort, cet agresseur.

— Fort comme un dieu !

Perséphone pince les lèvres. Non, jamais un dieu ne transgresserait la règle en essayant de franchir le seuil des Enfers sans la permission d'Hadès.

— Et Cerbère ?

Le démon ferme les paupières sur ses yeux de braise.

— Le monstre a grondé, mais l'intrus l'a menacé avec son arc, alors il n'a pas osé l'attaquer, et il a fini par s'endormir !

— Un arc, dis-tu ? murmure Perséphone.

Elle croit deviner l'identité du héros assez audacieux pour braver la colère d'Hadès et la férocité de ses monstres.

— Conduis-moi là-haut, exige-t-elle.

Le démon se met à trembler. Mais la peur de la lumière est minime à côté de la terreur que lui inspire la reine.

Devant la porte des Enfers se dresse Hadès. Il fait obstacle à un personnage gigantesque, armé d'un arc et d'une massue. Il s'agit d'Héraclès, le fils préféré de Zeus, comme l'a supposé Perséphone.

— Passe ton chemin ! ordonne Hadès.

Le rire énorme d'Héraclès résonne sous la voûte qui abrite la porte du monde souterrain :

— Figure-toi que mon chemin passe justement par ton royaume.

Hadès, drapé dans sa longue robe noire, croise les bras, déterminé à ne pas céder un seul pouce de son empire.

— Ne m'oblige pas à te punir !

— Me punir, moi ? explose le héros. Écarte-toi, épouvantail ! Va faire peur aux oiseaux !

C'en est trop pour Hadès. D'un geste vif, il coiffe le casque qui le rend invisible. Tout aussi rapide, Héraclès laisse tomber sa massue et tend son arc. Malgré l'ombre qui dissimule le dieu des Morts, sa flèche atteint son but. On perçoit le bruit d'un corps qui tombe, accompagné d'un cri de douleur. Hadès est à terre. Son casque s'échappe, révélant le dieu blessé à l'épaule. De la plaie s'écoule l'ichôr, le sang des immortels.

Héraclès profite de la chute du dieu et de la fuite de ses serviteurs pour franchir le seuil et pénétrer dans le monde interdit. Attrapant deux démons tremblants, il ordonne :

— Conduisez votre maître sur l'Olympe. Seul Paean, le dieu guérisseur, saura le soigner. La pointe de mes flèches sécrète le terrible poison de l'hydre de Lerne. Nul n'y survit, sauf les dieux, mais au prix de grandes souffrances. En attendant sa guérison, celui-ci me laissera en paix, le temps pour moi d'accomplir ma mission.

Tandis qu'on emmène Hadès, Perséphone fait son apparition.

— Vas-tu me tuer, moi aussi, et prendre d'assaut mon empire ?

Le visage farouche d'Héraclès s'illumine.

— Petite déesse, c'est bien toi ? Je ne t'aurais pas reconnue ! Ainsi, c'est vrai ce qu'on raconte : te voilà reine des Enfers !

— Et toi, vainqueur du redoutable dieu des Morts !

— J'ai terrassé bien d'autres monstres !

— Que viens-tu faire ici, à part massacrer mon époux ?

— Je l'ai à peine abîmé, ton cher Hadès. Il sera vite sur pied. Au passage, j'ai bien envie de lui barboter son couvre-chef, disons en souvenir. Mais Zeus risque de se fâcher. Dommage ! Avec ce casque magique, je pourrais en faire des choses !

— Ce que tu accomplis n'est déjà pas si mal, raille Perséphone. Et puis tu n'es pas venu seul : je devine la présence d'Hermès.

— Exact, il a endormi le chien.

— Et quelqu'un a dirigé ta flèche, non ?

— Athéna, on ne peut rien te cacher !

— Tu as mobilisé tout l'Olympe, ma parole ! Pourquoi cette armée ? Tu n'as pas répondu à ma question : que viens-tu chercher ici ?

Elle espère entendre : « Toi ! » Non qu'elle veuille quitter le monde des ténèbres, mais la pensée qu'un héros risque sa vie pour elle n'est pas pour lui déplaire. Jadis, alors qu'elle jouait avec ses compagnes dans la vallée d'Hermione, Héraclès a détourné d'elle un taureau furieux.

La réponse du héros la déçoit :

— Une emplette dont mon cousin m'a chargé : je dois lui ramener Cerbère.

Perséphone ne peut s'empêcher d'éclater de rire. C'est bien la première fois depuis son entrée au pays d'Hadès.

— S'il ne tenait qu'à moi, je te l'offrirais volontiers. La bête pue. Elle bave, hurle et menace de me dévorer dès que je m'approche de la porte interdite. Nul ne peut lui ôter ses chaînes sans l'autorisation de mon époux.

— J'attendrai donc son retour, dit Héraclès en s'asseyant tranquillement sur un rocher.

Perséphone lui prend le bras d'un geste familier.

— Viens avec moi, viens. Je vais te faire visiter

mon royaume. Attends-toi à voir des prodiges que nul mortel ne saurait seulement imaginer.

Héraclès est secoué d'un gros rire.

— Vu le nombre de monstres que j'ai précipités là-dessous, je ne doute pas de faire de curieuses rencontres !

Précédant le héros dans l'escalier du monde souterrain, Perséphone se sent revivre. Avec un personnage aussi drôle, insolent et téméraire qu'Héraclès, fini l'ennui !

11

La reine impitoyable

— Ces femmes sont fort belles, apprécie Héraclès.

Perséphone jette un regard de mépris aux créatures concernées.

— Elles l'ont été, mais ne le sont plus : vois comme leur méchanceté transparaît sur ces jeunes visages.

Héraclès secoue sa chevelure opulente, pareille à une crinière de lion.

— Ce sont les Danaïdes, n'est-ce pas ? Quels sont leurs crimes ? Après tout, elles n'ont fait qu'obéir à leur père.

— En assassinant leurs quarante-huit époux !

Héraclès contemple les condamnées. Certaines d'entre elles creusent un puits d'une profondeur extraordinaire. D'autres puisent des cruches d'eau. Les dernières versent leur contenu dans une jarre sans fond.

— Astucieux, grogne le héros avec une pointe de répulsion.

Il a beau savoir que ces femmes sont des meurtrières, il ne peut s'empêcher de les prendre en pitié à la vue de leurs corps blessés, exténués, couverts de boue nauséabonde. Le plaisir que prend la reine des Enfers à contempler leur martyre le révolte. Qu'est devenue la douce Perséphone de jadis ?

— Sais-tu que les Danaïdes viennent d'Égypte ?

— Évidemment.

— Ce sont elles qui ont introduit en Grèce le culte des Thesmophories, dédié à ta mère, Déméter.

— Elles étaient sages, à l'époque. Elles auraient mieux fait de le rester, dit Perséphone avec indifférence.

— Elles ont toutes été assassinées par Lyncée, le seul de leurs époux à avoir survécu. C'est lui qui devrait remplir cette jarre à leur place !

— Si tu étais le juge des Enfers, ce qui n'est pas le cas, ironise Perséphone. De toute façon, le sort de ces filles est fixé pour l'éternité. Nul ne peut l'adoucir. Garde ta miséricorde pour une créature plus digne d'elle, s'il en existe parmi ces condamnés. Viens voir Sisyphe : son supplice est curieux et mérité.

D'un pas insouciant, comme si elle se promenait dans l'un de ses paysages fleuris d'autrefois, elle conduit le héros dans une vallée profonde, que domine une colline escarpée. Le lieu semble désert. Puis un homme sort de l'ombre, poussant un énorme rocher le long de la pente. Son dos est arqué, ses muscles tremblent. Tout son corps est décharné. Sa peau, lacérée, est couverte de croûtes de sang. Un râle sort de ses lèvres craquelées.

Héraclès se tourne vers la jeune déesse.

— Il ne se repose jamais ?

— Jamais !

Ce petit air réjoui ! « Plus cruelle que son époux ! » pense le héros.

— Pourquoi cet homme souffre-t-il ?

— Parce qu'il l'a mérité.

— Sisyphe ? Pour quel motif ? Il est plus intelligent, noble et généreux que ton époux.

— Ça, je le crois sans peine, reconnaît Perséphone. Mais il a insulté Zeus.

— Et ridiculisé Hadès. On devrait le récompenser pour ça !

Il songe à cette vieille histoire... Jadis, Zeus avait enlevé Égine, la fille d'Asopos. Sisyphe était alors roi de Corinthe. La ville manquait dramatiquement d'eau. Comme Asopos le suppliait de lui avouer le nom du ravisseur de sa fille, Sisyphe le lui promit. En échange, Asopos devait faire jaillir une source sous la citadelle de Corinthe. Asopos s'exécuta, et Sisyphe lui révéla le nom du coupable.

— Mon père prit l'indiscrétion de Sisyphe pour une trahison. C'était pourtant lui le coupable !

Perséphone lui lance un regard sarcastique.

— Essaies-tu de prouver que Zeus devrait pousser le rocher à sa place ?

Héraclès caresse sa courte barbe blonde.

— Je n'irais pas jusque-là. Je pense seulement qu'on aurait dû honorer Sisyphe au lieu de lui infliger ce labeur dégradant. Les dieux n'ont pas d'humour. Sais-tu ce que Sisyphe a fait à Thanatos ?

— Le génie de la mort ?

— Lui-même. Zeus l'avait envoyé à Sisyphe pour le châtier. Mais Sisyphe l'a surpris et l'a enchaîné, si bien que, pendant un certain temps, les hommes ne pouvaient plus mourir. Pas de génie, pas de trépas. Que dis-tu de ça ?

— Je dis bravo, mais Zeus ?

— Il l'a très mal pris. Sisyphe a été obligé de libérer Thanatos, qui l'a frappé aussitôt.

— Il l'avait bien cherché !

Héraclès partit d'un rire silencieux.

— L'aventure n'est pas terminée. Il n'est pas si facile de se débarrasser de Sisyphe ! Avant de mourir, il ordonna secrètement à son épouse de ne pas lui rendre les honneurs funèbres.

— Pourquoi ça ? s'étonne Perséphone.

— Tu vas comprendre : en voyant arriver aux Enfers sans honneurs, lui, le fils d'Éole, le puissant roi de Corinthe, Hadès s'étonne. Comment est-ce possible ? Sisyphe se plaint alors de son épouse et demande au dieu l'autorisation de revenir sur terre pour la punir comme elle le mérite...

La déesse regarde Héraclès avec incrédulité.

— Ne me dis pas que mon époux s'est laissé prendre à cette comédie ?

— Bien sûr que si, jubile Héraclès. Tout retourné par le déchirant récit de Sisyphe, Hadès l'a laissé repartir, en échange de la promesse qu'il reviendrait aussitôt. Tu penses bien que notre homme est resté là-haut pour vivre encore de nombreuses années.

— J'ignorais cette histoire, dit Perséphone.

Héraclès hoche la tête.

— Entre nous, Hadès n'a pas intérêt à l'ébruiter. Tout le monde saurait que le redoutable dieu des Morts n'est qu'un benêt. Mais la leçon a porté ses fruits, comme tu peux voir. Depuis que Sisyphe est revenu au pays des ombres, Hadès a si peur de le voir s'enfuir qu'il a inventé pour lui cette cruelle occupation qui ne lui laisse pas un instant de répit.

Il s'interrompt pour contempler le supplicié. Au

prix d'efforts surhumains, celui-ci a réussi enfin à transporter son rocher au sommet de la colline. Aussitôt, vivante et hostile, la pierre lui échappe pour rouler jusqu'au fond du ravin. Résigné, Sisyphe descend le long de la pente et reprend son travail sans fin.

— Moralité : il est dangereux de défier les dieux, soupire Perséphone d'un ton léger.

Sans daigner lui accorder un regard, Héraclès marche à grands pas vers le ravin. Posant une main compatissante sur l'épaule de Sisyphe, il l'écarte et prend sa place. Presque sans effort, il porte la pierre au sommet de l'éminence et la maintient afin de permettre au condamné de se reposer.

Perséphone doit gravir la colline pour le rejoindre. Cet effort est indigne d'une reine. L'air courroucé de la jeune déesse ravit Héraclès.

— Que cherches-tu à prouver ? lance-t-elle. Que tu peux supporter allègrement les tourments de l'enfer ?

— Que la justice et la générosité peuvent avoir encore leur place dans ces lieux qui les ont oubliées, réplique le héros.

Il libère la pierre, qui roule au pied de la montagne. Avant de reprendre son labeur, Sisyphe lève le bras en signe de gratitude. Héraclès saisit la main de Perséphone avec une vigueur qui lui arrache une grimace.

— Allons voir d'autres merveilles !

La reine des Enfers se libère, mécontente. La grossièreté d'Héraclès ne l'amuse plus lorsqu'elle se manifeste à ses dépens.

— Si tu y tiens !

Elle marche devant lui d'un pas raide de souveraine offensée. La nuit de l'Érèbe les enveloppe sans masquer les paysages fantastiques où ils s'enfoncent, car leurs yeux ont l'acuité des oiseaux nocturnes. Ils atteignent bientôt un étang. Un homme est plongé dans l'eau jusqu'au cou. Au-dessus de sa tête s'incline une branche chargée de toutes sortes de fruits savoureux : poires, grenades, figues, oranges. Chaque fois que l'homme, affamé, essaie de les cueillir, le vent pousse la branche hors de sa portée. Et lorsqu'il veut boire, l'eau se retire.

— Tantale ! murmure Héraclès, atterré.

— Le fils de Zeus, ton demi-frère, oui, acquiesce Perséphone. Quelle excuse vas-tu trouver à ce voleur ?

Le visage du héros accuse une tristesse qui le fait paraître soudain plus vieux que son âge.

— Au cours d'un banquet divin, il a dérobé du nectar et de l'ambroisie pour ses amis mortels. Par générosité. N'est-ce pas ce que Déméter a fait pour Démophon ?

— Veux-tu voir ma mère traitée comme une criminelle ? s'indigne Perséphone.

Héraclès lève une main apaisante.

— Non, bien sûr. Je veux voir un héros traité comme un ami des dieux, ce que Tantale a toujours été.

— Pourquoi ne pas le délivrer ?

Héraclès dévisage la déesse, qui le défie.

— J'obtiendrai son pardon.

Elle incline la tête, ironique.

— Mon époux va bientôt revenir, c'est l'occasion.

— Je préfère m'adresser à Zeus.

À cet instant, des torches déchirent la nuit de l'Érèbe. Le héros perçoit des hurlements épouvantables et des sifflements de serpents. En reconnaissant l'horreur qui se précipite sur lui, il ne peut s'empêcher de frémir.

12

Les Érinyes

Les torches projettent des lueurs sanglantes sur la terre noire. Les trois créatures ailées qui les brandissent fondent sur Héraclès. Leurs cheveux sont des serpents venimeux. De leur bouche pointent des crocs de hyènes. Le sang macule leurs robes. D'une main, elles tiennent un flambeau ; de l'autre, un fouet garni d'épines avec lequel elles tourmentent les ombres, épouvantées.

— Les Érinyes ! grogne Héraclès avec répulsion.

À deux reprises déjà il a affronté ces créatures répugnantes. Chaque fois, il est sorti de ces combats épuisé et égaré. Il sait qu'il ne doit pas se laisser enfermer dans le tourbillon impitoyable de leurs grandes ailes. Car ceux qu'elles harcèlent ainsi finissent par mourir de terreur ou perdre la raison.

Le plus souvent, leurs victimes sont les pires des criminels : parricides ou infanticides. Mais elles aiment aussi semer la haine parmi les hommes, susciter des vengeances, provoquer des tueries, et s'acharner sur les prisonniers du monde ténébreux.

— Allez-vous-en ! commande Perséphone.

L'aînée des trois furies, Alecto, répond par un ricanement :

— Regardez-la ! Elle se prend pour la reine des Enfers ! Tu es peut-être l'épouse d'Hadès, mais moi, je suis la fille d'Ouranos, ne l'oublie pas ! Je régnais sur les ténèbres avant la naissance de Zeus et de ses frères.

Perséphone pointe le doigt sur elle.

— Si Hadès était avisé, il vous jetterait au fond du Tartare, et on n'entendrait plus jamais parler de vous !

La seconde Érinye fait claquer son fouet devant le visage de la déesse.

— Gare à Hadès, s'il s'avise de lever la main sur moi !

Héraclès bondit en arrière et bande son arc.

— Je n'aurai besoin de personne pour vous embrocher, ignobles volailles !

Aussitôt, le ciel semble se déchaîner. Les trois monstres fondent sur le héros. Il a beau se débattre, il est environné de plumes, aveuglé de flammes, lacéré de griffes, tenaillé sans relâche par les fouets aux épines de fer. Il frappe dans le vide, trébuche, met un genou en terre, se relève, cherche à saisir l'insaisissable. Son esprit s'égare. Il vacille comme un homme ivre, laisse tomber ses armes. Il va succomber lorsque, dans un ultime sursaut, il cogne l'une d'entre elles, tord une aile imprudente. Ces coups heureux le libèrent de leur emprise mortelle. Il ramasse sa massue d'une main tremblante et la fait tournoyer.

Les Érinyes continuent à voler à quelques mètres, en se moquant de ses efforts. Alecto lui jette des serpents au visage.

— Tiens, étouffe ceux-ci, comme tu l'as fait avec les monstres d'Héra !

Nouveau-né, le héros avait tué deux énormes serpents envoyés par la maîtresse de l'Olympe, folle de jalousie, pour étouffer le fils que Zeus avait eu avec Alcmène, la rivale d'Héra.

Héraclès écrase les serpents d'Alecto sous ses talons. Tout à l'heure, les Érinyes l'ont pris par surprise. Maintenant, son vertige s'est dissipé, et sa fureur lui donne la force de vaincre.

— Attendez que je vous attrape, maudites, je vous tordrai le cou !

— Tu l'entends, ce bravache ? grince Mégère, la plus sournoise des trois sœurs, à l'oreille de Perséphone. Il est venu ici pour dicter sa loi, délivrer ses compagnons, et te compromettre aux yeux de ton époux.

La voix de l'Érinye, insidieuse, est dotée du pouvoir de convaincre. Ses paroles pénètrent le cœur de Perséphone et éveillent sa défiance à l'égard du héros.

— N'écoute pas cette chienne ! supplie Héraclès. Elle n'est bonne qu'à semer la discorde !

Les trois monstres se précipitent sur lui en hurlant. Mais, cette fois, le géant ne se laisse pas enfermer à l'intérieur du tourbillon fatal. Il saute sur un rocher, et décoche une flèche qui traverse l'aile de Mégère sans la blesser.

— Sacrilège ! Tu oses menacer la fille d'Ouranos ? clame l'Érinye.

— Je vais me gêner ! gronde le héros en fixant une deuxième flèche à son arc.

Redoutant le venin de l'hydre, les trois furies opèrent une prudente retraite, tout en continuant à harceler Héraclès et Perséphone :

— Prends garde, il projette de t'enlever ! rugit Mégère.

Le rire pernicieux de Tisiphone résonne dans les ténèbres :

— Cerbère ! Tu crois vraiment qu'il est venu pour ce stupide animal ? C'est toi qui porteras bientôt un collier, Perséphone !

— Mensonges ! crie Héraclès.

Il décoche une flèche qui se perd dans la nuit. Les monstres s'éloignent. « Bon débarras ! » grogne-t-il. Mais, lorsqu'il veut entraîner Perséphone, la déesse s'écarte de lui avec méfiance.

— Qu'as-tu ? Viens, tu vois bien que ces démones veulent te monter contre moi. Leurs langues sont plus venimeuses que leurs serpents !

— Chasse ce traître, chasse-le ! vocifère Alecto.

Surgissant brusquement de l'ombre, la furie se jette sur le géant. Ses ongles acérés visent ses yeux. Il l'écarte d'un coup de massue. Alecto tombe sur le sol avec des cris affreux. Ses ailes battent, provoquant un vent violent mêlé de cendres. Elle sautille avec des allures de vautour, pour échapper à la massue qui la harcèle, puis elle s'envole. Ses sœurs l'accompagnent en proférant des menaces. Leurs torches s'éloignent et s'éteignent. Dans les ténèbres s'élèvent les gémissements des condamnés sur lesquels elles se vengent.

Tout se tait. Cette fois, les furies sont parties. Perséphone semble sortir d'un cauchemar.

— Réponds-moi franchement : es-tu venu m'enlever ?

Cette pensée l'a effleurée en voyant apparaître Héraclès. Les paroles empoisonnées de Mégère ont réveillé ses soupçons. Affronter les dangers du monde souterrain pour emmener Cerbère, le prétexte est si invraisemblable !

Héraclès, en train d'examiner sur ses bras les lacérations des Érinyes, s'interrompt et ricane :

— Si ça peut te rassurer, je jure sur le Styx que je n'ai aucune mauvaise intention à ton égard. Du reste, tu parais si heureuse dans ce trou infect, que je serais bien cruel de t'en priver !

L'ironie n'est pas du goût de la déesse. Elle toise le géant avec dédain :

— Que sais-tu de la grandeur de l'empire des ténèbres ? Il abrite des milliers de héros qui te valent bien.

— Tu parles des hôtes des Champs Élysées ? Une poignée de braves, à côté d'une armée de monstres, comme ces Érinyes qui te couvrent de bave. C'est ça, ta grandeur ? Non ? Peut-être ce paysage radieux ?

Il indique à Perséphone un marais puant, au sein duquel les ombres engluées tendent des bras suppliants.

— Ou mieux cette pluie printanière ?

Du ciel sans étoiles tombent avec lenteur d'énormes flocons de feu qui brûlent les épaules nues des condamnés aux tourments éternels.

Perséphone secoue ses cheveux noirs maintenus par un diadème d'or.

— N'est-il pas juste que les bons soient récompensés et les méchants punis ?

Héraclès sourit d'un air mélancolique.

— Tu as bien changé, petite déesse, depuis les prés fleuris d'Enna, les collines de Lerne ou les rivages de Paros. Tu ne pensais alors qu'à rire et à danser !

— Je le fais encore dans la prairie aux asphodèles. Le printemps y est éternel, et le sol plus fécond que celui de ma mère. Les arbres portent des fruits somptueux ; la lumière est dorée ; la brise, légère. Les élus ne connaissent ni douleur ni chagrin...

— Tu veux dire qu'ils ont perdu la mémoire, la coupe Héraclès. C'est ça, ton paradis ? Non, merci. Plutôt l'horreur du Tartare que l'oubli de la vie, des amours, des combats.

Ulcérée, Perséphone le précède à grands pas sur le chemin qui mène à son palais. Le héros sourit dans sa barbe. Il n'est pas fâché d'avoir bousculé la jeune déesse, une enfant qui joue à la reine orgueilleuse et impitoyable !

Ils entrent dans la demeure d'Hadès aux salles innombrables. Sans lui accorder un regard, Perséphone traverse les pièces l'une après l'autre. Les portes s'ouvrent et se referment comme par enchantement. On dirait le palais sans limites. Héraclès suit la reine en silence. Dans l'une des salles, elle s'attarde. Héraclès aperçoit deux hommes attablés devant un somptueux banquet. En reconnaissant les convives, il comprend que la déesse ne l'a pas conduit là par hasard.

— Thésée ? Que fais-tu dans cette maison sinistre, l'ami ?

Thésée, jadis roi d'Athènes, lui adresse un sourire contraint.

— Comme tu vois, je suis l'invité du seigneur des Enfers.

— Lui aussi a tenté de m'enlever, précise Perséphone avec un accent de défi.

Héraclès hausse les épaules.

— Décidément, chez toi, c'est une obsession !

13

Les sièges ensorcelés

L'attitude des convives intrigue Héraclès. Pourquoi Thésée reste-t-il immobile, au lieu de se précipiter à sa rencontre ? En approchant de la table du banquet, il constate que le siège sur lequel il est assis le retient prisonnier. Son voisin, Pirithoos, est victime du même sortilège infernal.

— Tu n'es pas mort ! s'exclame Héraclès.

Thésée fait la grimace.

— Vivant... si l'on peut dire. Tous les mets délicieux que tu aperçois nous sont généreusement servis chaque jour... mais hors de notre portée. Impossible de nous lever. Impossible de les attraper. La faim et la soif nous dévorent, et la mort ne veut pas de nous. Amusant, non ? Hadès est un gai luron, dans son genre !

Héraclès empoigne aussitôt son ami pour l'arracher du fauteuil ensorcelé. Thésée pousse un cri de douleur, car sa chair reste attachée au siège. Le sang coule. Le géant lâche le prisonnier, et se tourne vers Perséphone :

— Délivre-le !

Elle secoue la tête, obstinée :

— Je n'en ai pas le pouvoir. Mais, même si je l'avais, je refuserais : ces deux misérables ont pénétré ici avec l'intention de m'emmener et de faire de moi une esclave !

— Pas une esclave, une épouse, corrige Pirithoos.

— C'est la même chose ! réplique Perséphone, méprisante.

Le prisonnier redresse la tête avec fierté :

— M'épouser n'est pas déchoir, car je suis fils de Zeus.

— Moi, de Poséidon, rappelle Thésée.

Perséphone laisse échapper un geste de colère :

— Votre ascendance divine ne vous autorise pas à disposer de moi comme d'un objet.

— Un objet, toi, la plus belle des déesses ? s'écrie Pirithoos. Si je suis épris de toi, c'est que les dieux l'ont permis. Aphrodite m'a inspiré cette passion qui t'importune.

— Tout comme Hadès quand il s'est emparé de

toi, fait remarquer Héraclès. Avoue que ces héros ont une autre allure que ton sinistre époux !

— Ils ne m'ont pas l'air si glorieux, rétorque Perséphone avec un sourire cruel.

Héraclès la regarde avec sévérité. Quoi qu'elle en pense, Thésée et Pirithoos sont des guerriers intrépides. Ils ont participé en sa compagnie au voyage des Argonautes, avec une cinquantaine d'autres héros : Jason, Argos, Asclépios, Philoctète. Ensemble, ils ont conquis la Toison d'or, vaincu le dragon qui la gardait, et accompli bien d'autres exploits. Thésée l'a aidé à combattre les farouches Amazones, descendantes d'Arès, le dieu de la Guerre.

Au souvenir de leurs victoires, Héraclès pose la main sur l'épaule de Thésée.

— Ne t'inquiète pas, ami, je vais te délivrer.

Perséphone, offusquée de le voir épouser la cause de ses ravisseurs, propose :

— Tu veux peut-être prendre place à leurs côtés ?

Héraclès fait un pas en avant, menaçant :

— Qui m'assiéra de force sur ces maudits sièges, toi ?

La jeune déesse se trouble et prend sa voix douce d'autrefois pour rappeler :

— J'ai toujours été ton amie.

— Jadis, sans doute, gronde le géant.

— Je voulais seulement te mettre en garde contre la vindicte de mon époux.

— Celui-là, j'en fais mon affaire, lance Héraclès en agitant ironiquement son arc.

Il se penche sur la table, saisit une coupe de vin, et, malgré la force invisible qui retient son bras, il l'approche des lèvres de Thésée. Le héros boit avidement. Le vin inonde sa bouche et sa poitrine. Il gémit de plaisir. Après l'avoir désaltéré, Héraclès agit de même avec Pirithoos, qui manque de s'étrangler. Ensuite il les nourrit patiemment de fruits et de viandes. Arracher les mets de la table exige un effort qui épuise le géant. Mais la joie des suppliciés fait plaisir à voir.

— Sais-tu qu'il est imprudent de goûter à la nourriture d'Hadès ? dit Perséphone.

— Tu dois le savoir mieux que quiconque, raille Héraclès. Mais ces gaillards-là ne craignent pas les présents dangereux, n'est-ce pas ?

Thésée, saisissant l'allusion du géant, est secoué d'un rire silencieux.

— Il m'a offert Antiope.

— L'Amazone ? s'étonne Perséphone.

— En personne. Héraclès l'avait faite prisonnière, après avoir conquis le royaume de la reine des Amazones. J'ai commis l'imprudence de l'emmener à Athènes. Mal m'en a pris : après le départ d'Héraclès, les Amazones ont envahi la région pour la délivrer. Nous avons eu de la peine à les déloger. Ce sont des guerrières sanguinaires. La guerre et le carnage, c'est tout ce qui les intéresse ! Elles haïssent les hommes.

— Elles n'ont peut-être pas tort, fait remarquer Perséphone.

Dédaignant l'ironie de la déesse, le héros s'assombrit.

— Tu ignores sans doute qu'elles mutilent les petits garçons pour les empêcher de combattre !

Perséphone sourit. C'est à son tour de pousser à bout le géant :

— C'est pour délivrer les garçons ou pour t'emparer des filles que tu as envahi leur royaume ?

Héraclès réprime un geste d'agacement.

— Les deux !

— Noble expédition !

— En réalité, explique le héros à contrecœur, je devais ramener à Mycènes la ceinture sacrée offerte par Arès à Hippolyté, la reine des Amazones. Une de ces missions stupides dont mon cousin, Eurysthée, a le secret.

— Et tu as enlevé la reine avec la ceinture !

— Pas du tout ! proteste Héraclès. La reine m'avait offert la ceinture, et j'étais prêt à repartir en paix quand Héra, qui avait pris l'apparence d'une Amazone, s'est mise à hurler que j'étais venu m'emparer d'Hippolyté. C'est ce qui a déclenché la guerre. Maudit Eurysthée !

— Je ne comprends pas pourquoi tu fais toujours les quatre volontés de ce lâche, s'étonne Pirithoos.

Héraclès frappe le sol avec rage :

— C'est la volonté divine, autrement dit celle d'Héra, qui me poursuit de sa haine. À présent, je dois ramener Cerbère à Mycènes !

Malgré sa situation dramatique, Thésée ne peut s'empêcher de rire :

— Vrai ? Tu vas te balader avec ce toutou ?

— Prends garde, grommelle Pirithoos. À notre arrivée, il a failli nous dévorer !

— C'est pour lui, et lui seul, que je suis là, n'en déplaise à la reine des Enfers !

Perséphone hausse ses belles épaules.

— Je te l'ai dit : s'il ne tient qu'à moi, tu peux emporter cette horreur, l'enchaîner, en faire un ragoût. Mais Hadès ne sera pas de cet avis. Cerbère est le meilleur gardien de son royaume. La peur qu'il inspire dissuade ses sujets de s'enfuir. Nul n'a pu le dompter.

— Nous sommes de vieilles connaissances, lui et moi. J'ai déjà tué ses trois frères, l'hydre de Lerne, l'aigle de Prométhée et le lion de Némée.

— Méfie-toi. Le monstre va tenter de les venger !

— Mon sort t'importe donc ? ironise Héraclès.

La déesse incline la tête.

— Plus que tu ne crois.

— Alors, délivre Thésée et Pirithoos.

Perséphone sourit, et sur son visage transparaît la jeune fille d'Enna.

— Astucieuse, ta demande, mais la réponse est non. J'ai déjà assez de mal à écarter de toi les dangers de cet antre de la mort !

— Athéna et Hermès veillent déjà sur moi.

— Au pays d'Hadès, on n'a jamais trop de protecteurs.

Perséphone a changé imperceptiblement. Mais Héraclès se demande si cette nouvelle attitude est sincère. Dans le regard sévère qu'elle porte sur Thésée, l'impitoyable reine des Enfers est toujours présente.

— Je reviendrai bientôt, promet le géant.

Il suit Perséphone hors du palais, sur le chemin blanc qui conduit aux Champs Élysées, lorsqu'une ombre se dresse devant lui. Le héros bande son arc en reconnaissant son ennemi, Méléagre. Perséphone s'interpose aussitôt :

— Tu n'as rien à craindre.

— Moi, non. Mais lui, ce fourbe ! Par Némésis, j'ai juré de me venger de lui !

Jadis, au cours de l'expédition des Argonautes, Méléagre l'a abandonné sur les rivages de Mysie. Cette traîtrise a failli lui coûter la vie.

— Te venger de cette ombre sans défense ? intercède Perséphone.

Effectivement, il est difficile d'identifier le personnage misérable sorti de l'ombre au valeureux guerrier de jadis.

— Tu es mort au combat ? questionne Héraclès.

Méléagre secoue douloureusement la tête.

— Hélas, non. C'est ma mère, Althée, qui m'a précipité chez Hadès.

— Ta mère ? Mais elle t'adorait !

Méléagre se laisse tomber sur une pierre et se prend la tête entre les mains.

— C'est une longue histoire, soupire-t-il. À ma naissance, ma mère a reçu la visite des Moires, qui président aux destinées des hommes. Elles l'ont avertie que je vivrais aussi longtemps qu'une bûche d'olivier qui brûlait alors dans la cheminée. Aussitôt, ma mère a retiré le tison des flammes, l'a éteint et enfermé dans un coffre. Connaissant la prédiction, je me croyais invulnérable. J'avais vingt ans. Je participais à tous les combats, m'exposais à tous les périls. J'étais un peu fou et présomptueux.

Héraclès hoche la tête.

— Comme bien des jeunes hommes !

— Un jour, poursuit Méléagre, mon père a commis une faute : en offrant un sacrifice aux dieux, il a oublié Artémis. Pour le punir, la déesse a envoyé dans le royaume un sanglier géant, qui a ravagé nos récoltes.

— Je connais l'histoire, coupe Héraclès. Tu as réuni des chasseurs, et pas des moindres : Thésée,

Castor, Pollux, Lyncée, les combattants de l'Argos. Et à vous tous, vous avez tué le monstre.

— Tu as cité les chasseurs. Parmi eux, il y avait aussi une jeune fille, Atalante. Courageuse, adroite, infatigable. C'est elle qui a blessé le sanglier, et nous a permis de l'abattre.

— Tu as oublié un détail, dit Héraclès : elle était belle et tu l'aimais.

Méléagre acquiesce d'un air sombre.

— Je lui ai offert la peau de l'animal. Elle lui revenait de droit, non parce que nous nous aimions, mais parce qu'elle avait vaincu le monstre. Mes deux oncles n'étaient pas de cet avis. Fous de rage, ils lui ont repris le trophée. Une violente querelle a éclaté, au cours de laquelle je les ai tués.

Il pousse un grand soupir, et reprend :

— En apprenant la mort de ses frères, Althée, folle de rage, a sorti le tison du coffre et l'a jeté au feu. Voilà comment je suis mort, dans d'atroces souffrances.

Ému par ce récit tragique, Héraclès tend la main au malheureux, qui la saisit d'une main glacée.

— Je ne me plains pas. J'ai mérité mon sort. Hadès et Perséphone se montrent compatissants. Les Érinyes me laissent en paix. Si je m'adresse à toi, ce n'est pas pour plaider ma cause, mais celle de mes sœurs. Elles sont en danger. Ma mort n'a pas suffi à apaiser la colère d'Artémis. Elle a transformé Eurymédé et Mélanippé en pintades, soi-disant pour apaiser leur chagrin. Gorgé a pu s'enfuir. Il ne reste que Déjanire. Je voudrais que tu veilles sur elle. Promets-le-moi.

— Pourquoi t'adresser à moi ? s'étonne Héraclès.

Méléagre baisse la tête, en proie au remords :

— Je sais, j'ai mal agi, je t'ai trahi, alors que nous étions amis. Pourtant tu es le seul homme au monde à pouvoir m'aider...

Il reste un moment silencieux, puis murmure :

— Déjanire est très belle.

— C'est vrai, reconnaît Héraclès. Je me souviens d'elle.

— Épouse-la.

Héraclès regarde Méléagre avec perplexité :

— Étrange demande, venant de toi.

— Je crois que c'est le moyen de payer ma dette à ton égard. Déjanire est une femme comme il en existe peu, et avec toi elle vivra en sécurité. Même Artémis n'osera pas s'en prendre à elle.

— Encore faudrait-il qu'elle consente à devenir mon épouse, objecte le géant.

— Pour ça, tu n'as rien à craindre, dit Méléagre. Déjanire rêve de toi et de tes exploits depuis son enfance. Tu es son dieu.

Héraclès réprime un sourire.

— Je te promets de la revoir.

— Alors, ma sœur est sauvée.

L'ombre de Méléagre devient rayonnante. Puis, comme une étoile qui s'éteint, le guerrier s'enfonce dans l'ombre de l'Érèbe. Dès qu'il a disparu, Perséphone, restée en retrait durant la rencontre, se précipite vers Héraclès et l'adjure :

— Ne l'écoute pas, je vois du feu autour de cette jeune fille.

— Cela ne me surprend pas, dit Héraclès en riant. Déjanire est une femme ardente, une guerrière intrépide. Il faudrait que tu la voies conduire un char et manier une épée !

— Un feu qui te détruira ! insiste la déesse.

— Le feu ne détruit pas les héros. Il les rend immortels !

— Interroge Hécate, elle connaît ton destin. Ou bien consulte l'oracle d'Apollon, conseille Perséphone.

— Ta compagnie me suffit, petite déesse, dit le géant avec bonne humeur. Je crois que je commence à me plaire dans ce pays des horreurs !

— C'était inévitable, tu subis, toi aussi, son attirance.

— Pas au point d'épouser Hadès ! réplique Héraclès avec un rire énorme.

[illegible]

[illegible] jeune[illegible]

— [illegible] Hercule [illegible]

[illegible] supplice [illegible]

[illegible]

Entre le Château [illegible] qu'[illegible]
lieu, à la [illegible] de
[illegible]
Un fleuve [illegible]
les aux couleurs [illegible]
Léthé. La fin ou la pointe de [illegible] comprennent
de la laideur.

À mesure qu'on s'approche [illegible] distingue une
contrée de [illegible] phospho[illegible] agre
s'est enfoncée dans ces [illegible], il a [illegible] sou-
dain comme [illegible]

L'Héraclès [illegible]
évoque la [illegible] Ulysse
est le géant [illegible] Pour-

14

Les troupeaux divins

Entre les Champs Élysées et l'Érèbe, un crépuscule bleu, à la sérénité trompeuse, masque le danger de passer inconsciemment de la lumière aux ténèbres. Un fleuve coule paresseusement au fond d'une vallée aux couleurs incertaines. Est-ce le Styx ou le Léthé ? La fin de la beauté ou le commencement de la laideur ?

À mesure qu'on s'approche, on distingue une coulée de brouillard phosphorescent. Méléagre s'est enfoncé dans ces vapeurs, et il a disparu soudain comme si l'enfer acide l'avait dissous.

Héraclès croit entendre sa voix, soudain vivante, évoquer la belle Déjanire. Ce discours était inutile, car le géant a toujours admiré la jeune fille. Pourquoi Perséphone veut-elle le détourner de la sœur de ce malheureux ? Par jalousie, peut-être ? La jeune déesse veut être la seule à occuper le cœur et les pensées des habitants du sombre royaume.

Comme ils atteignent la vallée, Hermès surgit devant eux, avec son chapeau à larges bords et ses sandales ailées.

— Bonjour, messager divin, dit Perséphone. Quelles nouvelles m'apportes-tu de l'Olympe ?

— C'est notre ami que je viens voir, répond le dieu. Zeus m'a chargé de l'aider, au besoin. Ces lieux sont très mal fréquentés, à ce qu'on raconte. Des voyous au corps noir et aux yeux de braise dépouillent les voyageurs... de leur âme.

Héraclès éclate de rire. Il aime le petit messager, qui pétille d'intelligence et d'humour.

— Tu t'y connais en rapines, toi, le dieu des voleurs !

Perséphone fronce les sourcils.

— Ne suis-je pas assez grande pour veiller sur lui ?

Hermès s'incline devant la maîtresse des Enfers. Son chapeau, que les mortels appellent le pétase, balaie le sol.

— Tu le protégeras des autres, mais sauras-tu le protéger de lui-même ? Le bougre n'obéit à personne. Après s'être frotté aux Érinyes, il est capable de défier les géants aux cent bras, gardiens du Tartare !

— Je plains Méléagre, dit soudain Héraclès.

— Je croyais que tu le haïssais ?

— Ne peut-on faire quelque chose pour adoucir son sort ?

— Tu vas déjà faire le bonheur de sa sœur ! lance Perséphone avec aigreur.

Négligeant le propos insolent, le dieu propose :

— On pourrait procurer plus de vigueur à son corps et à son esprit. De la bonne viande rouge, par exemple. C'est le régime idéal pour les ombres d'Hadès.

Héraclès secoue la tête comme si la suggestion d'Hermès lui faisait douter de sa raison :

— Tu veux peut-être que je sorte des Enfers pour aller chasser ? Les bêtes du féroce Géryon feraient l'affaire. Je ramènerais un bœuf ou deux sur mes épaules à travers les cavernes du cap Ténare, non ?

Hermès cligne de l'œil.

— Inutile d'aller si loin. J'ai repéré un splendide troupeau tout près d'ici.

Perséphone sursaute.

— Tu parles des vaches d'Hadès !

— De magnifiques bêtes, opine Hermès. Bien grasses, tendres, savoureuses. Méléagre t'en fera compliment.

La reine des Enfers n'apprécie guère le cynisme d'Hermès.

— Il est vrai que tu es expert en matière de vol de bétail ! Enfant, tu as dérobé les génisses d'Apollon.

— Pour les sacrifier aux dieux, mes chers parents ! proteste le messager avec une mauvaise foi révoltante.

— En te réservant les meilleurs morceaux !

— J'avais déjà un solide appétit ! Et pour me faire pardonner, j'ai offert une lyre à Apollon. Sans moi, le dieu de la Musique aurait joué du tambour !

Il se bouche les oreilles d'une façon si comique que Perséphone abandonne son air courroucé.

— Aussi génial que voleur !

— C'est que le vol exige du génie, explique le dieu facétieux. Je suis le patron des voleurs, mais aussi des marchands. Vous me direz : c'est parfois le même commerce. Se servir soi-même avant de servir les autres, c'est le meilleur moyen de ne pas être déçu !

Perséphone s'interdit de sourire.

— Tu es incorrigible !

— C'est vrai, reconnaît Hermès. Mais je suis précieux. Si je n'étais pas là, qui guiderait les âmes des morts jusqu'à ton royaume ?

Voyant la conversation des dieux s'éterniser, Héraclès secoue son arc avec impatience. Hermès fonce aussitôt à travers le brouillard, à une telle vitesse qu'ils ont de la peine à le suivre.

Perséphone met en garde Héraclès :

— À son retour, Hadès sera furieux !

— Nos relations risquent d'être un peu tendues, ricane le héros.

Le messager des dieux a fait halte devant une vallée verdoyante, où pâture un troupeau de vaches blanches. Héraclès émet un sifflement admiratif.

— On voit que tu es connaisseur !

— Cette chair et ce lait sont réservés à la nourriture des dieux ! proteste Perséphone, comme Héraclès dégaine son épée.

— Je n'en doute pas !

Il franchit le versant de la vallée, tandis qu'Hermès disparaît, en criant :

— Bon appétit !

Héraclès choisit la plus belle bête du troupeau, et la sacrifie :

— Pour toi, Méléagre !

Un cri de rage lui fait écho. Le berger, Ménœtès, fond sur lui, en brandissant son bâton. C'est un géant, robuste comme un chêne. Héraclès fait un bond en arrière. Le gourdin de Ménœtès lui frôle le crâne. Héraclès se débarrasse de ses armes pour l'affronter à mains nues. Le berger a beau être courageux et d'une force peu commune, contre le fils de Zeus, il n'est pas de taille. D'une torsion du poignet, Héraclès le désarme, puis il le saisit par la nuque et le courbe vers le sol. Dominé, Ménœtès ne s'avoue pas vaincu. Il mord sauvagement le héros à la cuisse. Furieux, celui-ci l'encercle de ses bras puissants. Sous cet étau, Ménœtès hurle, étouffe. Ses os craquent.

— Ne le tue pas ! intercède Perséphone.

Héraclès desserre sa prise, mais sans délivrer son adversaire.

— C'est un serviteur fidèle, plaide la déesse.

— Je l'épargne, mais à une condition : pardonne à Thésée.

— Sa grâce ne dépend pas de moi, réplique Perséphone, obstinée.

— On sait qu'Hadès fait toujours tes quatre volontés.

La déesse redresse la tête avec dignité.

— J'essaierai, je te le promets.

Héraclès dénoue ses bras. Le berger s'effondre, brisé, mais vivant. Sans plus s'occuper de lui, le héros charge l'animal qu'il a sacrifié sur ses larges épaules. Comme il prend le chemin de la vallée brumeuse où erre Méléagre, Perséphone se moque de lui :

— Tu as l'air d'un fameux chasseur !

Soudain, elle redevient la jeune fille rieuse et insouciante des collines de Sicile. Héraclès s'apprête à lui en faire compliment lorsqu'un vent furieux balaie l'Érèbe. Le visage de la déesse se transforme. Elle paraît plus grave et plus vieille.

— Hadès est revenu, murmure-t-elle.

« Déjà ? Il a guéri bien vite ! » pense Héraclès, en se délestant de sa proie. Les ombres l'observent de loin, timidement. Et Perséphone s'écarte de lui. L'enfer a retrouvé son maître.

[illegible] de la [illegible]
[illegible] pas [illegible] plus [illegible]
— [illegible]
[illegible] pour [illegible]
[illegible]
[illegible]
[illegible]

[illegible]

Au lieu de [illegible] on [illegible] à [illegible] pieds au-dessus du sol [illegible]

— [illegible]

— [illegible]

[illegible]

15

À mains nues !

Au bord du Léthé pousse un peuplier noir. À quelques pas de là, les trônes d'or du seigneur des Enfers et de son épouse semblent suspendus, six pieds au-dessus du sol. Le reflet des flammes sortant de cent vasques d'airain dansent sur leur visage et leur diadème. Plus bas siègent les trois juges infernaux : Rhadamanthe, Minos et Éaque.

— Très impressionnant ! raille Héraclès. Est-ce pour me condamner, tout ce beau monde ?

— Zeus m'a prié d'étudier tes requêtes, répond Hadès de sa voix grave.

« Rien ne l'émeut ! pense le héros. À sa place, moi, je serais furieux. J'enchaînerais Héraclès au fond du Tartare... enfin, j'essaierais ! »

Le dieu des Morts lève très haut sa main droite, sans doute pour lui prouver qu'il ne se ressent plus de sa blessure. « La blessure, je veux bien, mais l'injure ? Il se méfie. Il sait qu'Athéna et Hermès me protègent ! »

— Paean a bien travaillé, constate-t-il avec une sollicitude exagérée.

Le visage d'Hadès reste de pierre. Celui de Perséphone a frémi. Peut-être un simple reflet des flammes. L'instant d'après, sa beauté glacée exprime la même impassibilité que son époux.

— Pourquoi veux-tu emmener Cerbère ? questionne Rhadamanthe.

— Pour lui faire prendre l'air, pauvre bête ! Toujours enchaîné à son pilier d'airain, entre nous, ce n'est pas une vie !

S'il apprécie la plaisanterie, Rhadamanthe ne le montre guère. Depuis qu'il est juge des Enfers, il passe pour impitoyable. Jadis, roi de Crète, il avait la réputation d'un homme indulgent. À cette époque, il a gracié Héraclès, accusé du meurtre de Linos, invoquant en sa faveur la légitime défense. Or, le fils de Zeus était déjà redoutable, et la victime, un personnage inoffensif. Maître de musique, Linos enseignait la lyre à Héraclès. Peu doué, celui-ci tirait de l'instrument des sons affreux. Un jour, exaspéré par les critiques et les railleries de son maître, Héraclès lui a brisé sa lyre sur le crâne.

Linos en est mort. En mesurant les conséquences de sa brutalité, le géant a éprouvé un réel chagrin. Ce repentir a sans doute influencé le jugement de Rhadamanthe...

— Cerbère appartient à l'empire des Morts. Il ne peut donc le quitter ! tranche Minos.

Héraclès lui rit au nez.

— S'il me fallait énumérer toutes les possessions infernales qui ont pris le chemin de la terre, j'en aurais pour des mois !

— Ce n'est pas une raison pour laisser l'enlèvement impuni, dit Éaque.

— Qui parle d'enlever Cerbère ? grogne Héraclès.

Éaque plonge ses yeux dans ceux du héros pour sonder ses pensées.

— Tu ne veux pas seulement Cerbère, n'est-ce pas ?

Rhadamanthe, à son tour, penche sa tête vénérable, coiffée d'un bonnet noir.

— Thésée et Pirithoos ont été condamnés. En les délivrant, tu justifierais leur attentat sacrilège contre la maîtresse des Enfers.

Héraclès hausse les épaules.

— Attentat ? Ils sont venus en paix, et Perséphone n'a guère souffert de cette malencontreuse expédition, que je sache ? S'il faut châtier Thésée, pourquoi ne pas commencer par punir Hadès ?

Le visage de Minos se crispe.

— L'insolence n'est pas bienvenue au royaume des morts !

Comme s'ils n'attendaient que ce signal, des centaines de démons, armés de piques flamboyantes, sortent des ténèbres. Les mains d'Héraclès se crispent sur son arc. « Ils veulent m'intimider. Mais ils n'ont pas choisi le bon moyen. Je brûlerai ces cracheurs de feu à leurs propres flammes ! »

Perséphone, penchée vers son époux, lui parle à voix basse. Hadès semble indifférent. Mais, au bout de quelques instants, sa voix de métal rend sa sentence :

— Laissons Thésée pour le moment. Il s'agit de Cerbère. Donne-moi une raison de consentir à ta demande et de t'être agréable.

— Agréable ? rugit Héraclès. Tu as de ces mots ! Je déteste cette bête immonde. Je vous la laisserais volontiers si mon cousin ne m'avait chargé de la lui ramener, dans l'espoir de me voir périr au cours de l'aventure. Mais je ne lui ferai pas ce plaisir. Devant Cerbère, Eurysthée aura si peur, qu'il me suppliera de la rapporter d'où il vient. C'est l'affaire de quelques jours, au plus.

Éaque incline la tête. Héraclès le sent enclin à l'indulgence. Fils de Zeus, comme lui, le juge est aussi sage que pieux. Il consulte à voix basse Minos et Rhadamanthe. Puis tous trois se tournent vers

Hadès pour lui faire part de leur décision. Après les avoir entendus, le dieu des Morts se lève.

— Tu pourras prendre Cerbère, à condition de le ramener ici dans un délai d'un mois. Mais avant cela, tu dois dompter le gardien des Enfers.

« J'en ai dressé d'autres ! » jubile le héros en empoignant sa redoutable massue. Cet enthousiasme est de courte durée, car Hadès ajoute aussitôt :

— Tu devras maîtriser le chien à mains nues.

L'expression de Perséphone démontre que cette exigence est inattendue. « Voici donc comment tu comptes te venger de moi, vilain dieu ténébreux ! » rumine le héros.

Cerbère n'est pas un monstre comme les autres, une force brute et instinctive. Fils d'Echidna et de Typhon, deux divinités effroyables, c'est une créature intelligente, et réputée invincible. Vivants ou morts, tous le redoutent. Pour permettre à Héraclès de franchir le seuil des Enfers, Hermès a endormi Cerbère. Cette fois-ci, le monstre sera bien éveillé, et Héraclès ne pourra pas recourir aux armes qui ont eu raison de ses frères.

La voix d'Hadès résonne comme un défi :

— Si l'épreuve est au-dessus de tes forces, tu peux y renoncer sans honte. Dis-toi que tu ne seras pas le premier à t'enfuir devant lui. Mes serviteurs t'escorteront sain et sauf jusqu'au cap Ténare, l'une des portes des Enfers.

D'un air dédaigneux, Héraclès jette ses armes sur le sol.

— J'ai hâte d'ajouter ta bestiole à ma collection !

Dans les yeux morts d'Hadès, le géant croit lire une satisfaction muette, tandis que Perséphone lui lance un regard désolé qui l'enchante. « Aurais-tu un cœur, reine des Enfers ? »

Il s'approche et se dresse devant ses juges de toute sa hauteur.

— Si je suis vainqueur, si j'enchaîne Cerbère avec ces mains-là, il est convenu que je repartirai librement avec lui... Thésée et Pirithoos.

Les juges réagissent aussitôt.

— Ce n'est pas ce qui était prévu, fait remarquer Éaque.

— Et Pirithoos ne peut pas être délivré, ajoute Minos. Le dieu des Enfers a juré sur le Styx qu'il resterait enchaîné à son siège pour l'éternité.

Hadès étend un bras miséricordieux.

— Cependant, Thésée t'accompagnera.

Le dieu insensible est si sûr de l'issue fatale du combat qu'il se moque de céder à ses exigences.

— Ni Athéna ni Hermès ne pourront te venir en aide.

Héraclès acquiesce, ironique.

— Et nul, ici, ne pourra secourir Cerbère.

— Sois tranquille, dit Perséphone. Que Zeus foudroie celui qui enfreindrait les règles du combat !

« Ses yeux sont tristes, pense Héraclès. Elle me regrette déjà. »

— [illegible] tranquillité [illegible] ! [illegible]
[illegible] que [illegible] restes [illegible]
[illegible]

[illegible] les [illegible]
[illegible]

Le [illegible] et les [illegible]

Les [illegible] se rapprochent [illegible]
[illegible] les [illegible]
[illegible]
[illegible] reste [illegible]
[illegible]

[illegible] déjà
[illegible] d'impatience [illegible]
[illegible] qui [illegible] l'apparition [illegible]. Ce
n'est pas [illegible] qu'il
a été mis [illegible] pour [illegible] la terre des
[illegible] de [illegible]. Les
[illegible]. Mais [illegible] des
[illegible]

[illegible] nous

16

Le monstre et le héros

Les hurlements se rapprochent. Dans la plaine où siègent les dieux et les juges, au bord du Léthé, les ombres se sont enfuies. Les démons eux-mêmes ont disparu. Il ne reste qu'Héraclès, désarmé, vigilant, attendant son adversaire.

Le sol tremble, le corps du héros aussi. Il a déjà éprouvé ce mélange d'impatience et d'appréhension qui précède l'apparition d'un monstre. Ce n'est pas le premier qu'il affronte. On prétend qu'il a été mis au monde pour débarrasser la terre des fléaux de ce genre. Il a toujours été vainqueur. Les monstres ont péri. Mais, face à Cerbère, l'un des plus redoutables, il n'a pour armes que ses bras.

Au bout de la plaine s'élève un nuage de poussière noire. Le monstre griffe le sol. Trois géants le tiennent à grand-peine enchaîné. À travers la nuée de cendres qu'il soulève, on voit le chien se débattre. Ses trois têtes essaient de happer ses gardiens pour se libérer de ses liens. Sa queue, un énorme serpent, est gorgée de venin. D'horribles dents sortent de ses babines retroussées.

Héraclès l'a contemplé couché, et endormi. La bête éveillée est plus grande qu'il ne l'imaginait. Aussi haute que lui, plus lourde que le lion de Némée, qu'il a jadis étouffé entre ses bras. Mais le lion n'avait qu'une gueule. Cerbère en a trois, que protègent des couronnes de serpents.

En apercevant l'intrus, le monstre gronde de fureur. Le héros croise les bras.

— Je m'appelle Héraclès. J'ai tué tes frères : le lion de Némée, l'Hydre de Lerne et l'aigle de Prométhée. Je porte sur moi la peau du premier, et c'est avec le sang du second que j'ai empoisonné mes flèches et tué le dernier. À présent, c'est ton tour. Voyons si tu feras mieux que ces abominations !

Ivre de rage, Cerbère se dresse sur ses pattes arrière, et entraîne ses gardiens. Ses hurlements retentissent jusqu'aux remparts du Tartare.

— Détachez-le, ordonne Héraclès. Il va se coucher bien sagement.

Les géants ôtent les chaînes et s'écartent pour éviter les morsures. Aussitôt libre, le chien bondit sur l'homme qui le défie. Héraclès évite les crocs et le dard de la bête. Il la frappe au flanc droit. Le monstre chancelle, se redresse. Le coup n'a fait qu'exciter sa rage. Il se retourne. Sa queue dressée frappe le visage d'Héraclès.

Sur son trône, Perséphone ferme les yeux. Le héros va mourir dans d'atroces souffrances.

D'un revers de bras, Héraclès a écarté le dard. Il lance son pied et fauche les pattes de Cerbère. Le chien s'écroule. Mais, avant que le héros ait pu le saisir, il se relève et bondit sur lui avec un étrange cri humain.

Pour éviter les gueules meurtrières, Héraclès se courbe en arrière. Il tombe sur le dos. Le monstre est sur lui. Son haleine puante le suffoque. Ses crocs cherchent sa gorge. De toutes ses forces, le géant repousse les têtes avides. Le serpent le mord au pied, à la poitrine, à travers la peau du lion. Heureusement, Héraclès est immunisé contre le venin de Cerbère. Cependant, si celui-ci ne le tue pas, il le brûle atrocement.

Fou de douleur, le géant assène au monstre un coup de pied au ventre, qui le projette en arrière. Le chien, blessé, se lèche en grognant. Profitant de ce répit, Héraclès se relève et le saisit par-derrière. Malgré les serpents qui s'acharnent sur lui, il emprisonne les trois cous de la bête entre ses bras. C'est de cette manière qu'il a étranglé le lion de Némée.

Plus Cerbère se débat, plus il étouffe. Ses rugissements deviennent des râles. Une bave sanglante s'écoule de ses babines. Ses pattes fléchissent. Ses serpents cessent de mordre. Il s'écroule, inerte.

Héraclès desserre son étreinte. Il ne veut pas achever la bête. Il lui suffit de la réduire à sa merci. Avant de la ranimer, il l'enchaîne solidement. Puis, lorsqu'elle est incapable de remuer un membre, Héraclès se tourne vers ses juges. Il évite le regard de Perséphone posé sur son visage couvert de sang et son corps boursouflé de morsures. Il n'a pas besoin de compassion. Il n'a jamais été aussi fier d'une victoire. Pour la célébrer, il arrache un rameau du peuplier noir, qui domine le champ de bataille, et s'en fait une couronne. Ce geste est un nouveau défi, car l'arbre est la métamorphose de Leucé, une jolie océanide, nymphe de la mer, dont Hadès était jadis amoureux.

Au contact du front du héros, les feuilles noires deviennent blanches pour honorer son courage et saluer son exploit.

— Cerbère est à toi pour un mois, décrète Hadès, imperturbable.

— Et Thésée, libre pour toujours.

— Toujours est un mot bien ambitieux pour un mortel. Disons pour le restant de ses jours, déclare le dieu des Enfers.

Ces paroles menaçantes révoltent Héraclès :

— Veux-tu dire qu'il sera jugé avec plus de sévérité lorsqu'il reparaîtra devant vous ?

— Sévérité, s'il le mérite. Indulgence, si sa vie devient exemplaire, dit Minos.

— Et qu'il renonce à porter la main sur les déesses, ajoute Éaque.

— Avec justice, dans tous les cas, assure Rhadamanthe.

La colère du géant s'apaise.

— Que les dieux soient témoins de ces paroles !

Il ramasse ses armes et prend le chemin du palais d'Hadès.

— Que fais-tu de Cerbère ? demande le dieu des morts.

Le héros lui jette un regard par-dessus l'épaule.

— J'attends son réveil. Je n'ai aucune envie de porter ce sac à venin sur mon dos !

Arrivé dans la salle du festin, il trouve Thésée, délivré de son siège, penché sur son compagnon toujours prisonnier.

— On ne peut pas l'abandonner ! s'insurge le roi d'Athènes. Aide-moi !

Au moment où ils empoignent Pirithoos pour l'arracher à son fauteuil infernal, la terre se met à trembler. Les colonnes vacillent, les dalles se soulèvent, une pierre se détache de la voûte, obligeant Thésée à s'écarter pour ne pas être écrasé.

— C'est un avertissement divin ! crie Héraclès.

Pirithoos acquiesce tristement :

— Pars sans moi, Thésée. J'ai mérité mon sort, tandis que tu n'as agi que par amitié. Sauve ta vie !

Une nouvelle secousse ébranle le palais. Héraclès empoigne Thésée et le pousse vers les jardins. Dehors, la terre s'apaise. Mais une menace plane encore dans le ciel couvert de nuées fantomatiques. Héraclès regarde autour de lui avec répulsion.

— Allons chercher Cerbère et quittons ce monde funèbre. Je suis fatigué des faux soleils, des ombres sanglantes, des démons, et de la musique infernale. Toutes ces horreurs, entre nous, ça ne donne pas envie de mourir !

— Je me demande si je pourrai jamais me réhabituer au monde extérieur, soupire Thésée, affecté par son séjour chez Hadès.

Héraclès lui serre les mains à les lui briser.

— Ce soir, nous serons libres, ami. Nous verrons le char du Soleil se coucher dans l'océan, et la nuit, la vraie, s'étendre sur la terre, avec le bruit des vagues, le chant des grillons, l'odeur des pins. Hypnos viendra nous endormir en nous effleurant de sa fleur de pavot, et Morphée habitera nos rêves. Il y a longtemps que tu n'as pas rêvé, n'est-ce pas ?

— Toute une vie, ou plutôt un enfer ! s'écrie Thésée. Libre, je n'arrive pas à le croire. Libre, grâce à toi ! Comment jamais te remercier ?

Héraclès veut répliquer qu'il n'est pas question de gratitude entre deux amis lorsqu'une voix étouffée se fait entendre :

— S'il vous plaît, délivrez-moi ! Par pitié !

— Pirithoos ? s'étonne Thésée.

Non, ce n'est guère l'habitude du héros de supplier.

— La voix provient de ce rocher, dit Héraclès. Il y a quelqu'un là-dessous.

Poussant de toutes ses forces, il déplace une pierre énorme. Celle-ci révèle un trou, hors duquel se hisse un personnage recouvert de boue.

— Qui es-tu ? demande Héraclès, intrigué.

Le déterré promène autour de lui des regards anxieux, avant de chuchoter :

— Ascalaphos.

Au même instant, Perséphone surgit devant eux comme une furie :

— Qui vous a permis de délivrer ce maudit ?

— C'est donc toi qui l'as si bien logé ? raille Héraclès.

— Pas moi, non. Mais je n'étais pas mécontente de son châtiment. Il doit rester dans son trou pour l'éternité !

— Quel crime abominable a-t-il commis ?

— Ce misérable m'a trompée, puis il m'a dénoncée à Hadès. C'est sa faute si j'ai perdu le monde du soleil !

— Celui des ténèbres semble assez bien te convenir.

— J'obéis à mon père !

— Tu fais cela si bien, juger et condamner, qu'on dirait que tu y prends plaisir.

— Pense ce que tu veux, mais remets cette larve où tu l'as trouvée !

Ascalaphos, désespéré, se jette aux pieds d'Héraclès.

— Pauvre diable ! grogne le géant. Si tu veux prolonger sa torture, remets toi-même la pierre en place. Moi, je ne suis bon qu'à délivrer les hommes, pas à les emprisonner, encore moins à les enterrer vivants.

Ascalaphos se relève, plein d'espoir. Il veut baiser la main d'Héraclès, mais ne peut achever son geste : ses bras se changent en ailes, et son visage devient un bec d'oiseau de nuit.

Perséphone éclate d'un rire cruel :

— Bravo, ma mère ! Je te reconnais bien là ! Cet oiseau ne pourra plus nous faire de mal. Fourbe, tu croyais échapper au châtiment de Déméter. Tu vas maintenant connaître tous les tourments de l'enfer !

En voyant la haine déformer le beau visage de la déesse, le héros éprouve un vague dégoût.

— À Lerne, tu faisais d'un ver un papillon, et d'une graine une fleur. Je te préférais autrefois.

— Va dire cela à ton père. C'est lui qui a voulu que je devienne maîtresse des Enfers !

— Il ne se doutait pas que tu dépasserais Hadès en méchanceté !

— C'est ainsi que tu me remercies d'avoir intercédé en ta faveur ? s'insurge Perséphone.

Le visage d'Héraclès s'assombrit.

— Je donnerais volontiers mes richesses et ma gloire pour te voir redevenir la déesse du printemps !

Il finit de prononcer ces paroles lorsque l'expression de Perséphone change. Un sourire radieux illumine son visage. Son regard exprime une douceur bouleversante.

« Mon vœu est exaucé ! » exulte Héraclès. Par une étrange illusion, les Enfers paraissent soudain l'endroit le plus magnifique de l'univers.

17

La lyre d'Orphée

Devant les visages extasiés de Perséphone et de Thésée, Héraclès comprend ce qui enchante les habitants du royaume des ténèbres : une voix s'est élevée, si suave que l'enfer est envoûté.

— Orphée ! murmure-t-il, charmé à son tour par la musique divine.

Suivi de Perséphone et de Thésée, il marche à grands pas vers l'endroit d'où proviennent la voix et le son de la lyre qu'il connaît bien.

Autour d'eux glissent les ombres. Vivants et morts se confondent, attirés par la voix magique.

Le chanteur se tient au bord du Léthé, le dos appuyé au peuplier de Leucé. Devant lui, Hadès et ses juges sont figés. C'est bien Orphée. Le cœur d'Héraclès s'émeut. Jadis, le poète a fait partie de l'équipage de l'Argo, comme Héraclès et Thésée. Pas pour manier l'aviron – il est trop faible pour cela – mais comme maître de nage, chargé de donner la cadence aux rameurs.

À deux reprises, au cours de l'expédition, il a sauvé ses compagnons. La première fois, il a dépassé en douceur le chant des sirènes, et retenu à bord les marins, tentés de se jeter à l'eau pour rejoindre les fascinantes créatures, prêtes à les dévorer. La deuxième fois, il a apaisé les flots, de sa voix enchanteresse, durant une tempête qui menaçait d'engloutir le navire.

À présent, des prodiges plus étonnants affectent le royaume d'Hadès. Le peuplier penche sa cime et caresse de ses feuilles la tête d'Orphée. Cerbère, délivré de ses chaînes, se couche paisiblement à ses pieds. La roue d'Ixion s'arrête et ses flammes s'éteignent. Sisyphe s'assied, tout rêveur, sur son rocher immobile. Les Danaïdes délaissent leur jarre. Tantale oublie sa faim. Plus stupéfiant encore, les Érinyes laissent tomber leurs fouets, leurs faces horribles déformées par l'émotion. Pour la première fois, des larmes humectent leurs yeux de braise.

Hadès lui-même subit la fascination de la musique. Il écoute, les yeux levés vers le ciel sans étoiles.

Les mains d'Orphée courent avec agilité sur les cordes de sa lyre. Lorsque Apollon lui a offert l'instrument, celui-ci comportait sept cordes. Orphée en a rajouté deux en hommage aux neuf Muses, divinités des Arts et de l'Esprit. L'une d'elles, Calliope, est sa propre mère. Elle l'inspire et le protège.

« Que fait ce gentil poète dans ce sinistre royaume ? s'étonne Héraclès. Il n'est pourtant pas mort ! »

Orphée est bien vivant, mais son chant, d'une tristesse infinie, parle de vie détruite, d'amour perdu, et déchire le cœur du héros. Il n'est pas seul à être ainsi bouleversé. Perséphone est en pleurs. Orphée a réveillé en elle la déesse qui s'attendrissait jadis sur le sort des oiseaux blessés et des arbres trop vieux.

Les doigts du musicien deviennent plus lents. Une dernière corde vibre. Sa voix se tait. Dans le silence qui lui succède, les Enfers semblent s'éveiller d'un songe agréable. Les ombres se dispersent à regret. Les Érinyes et les démons, désemparés, oublient de les tourmenter.

— Que viens-tu faire dans mon royaume ? demande Hadès, bienveillant.

Orphée lève sur le dieu des Enfers ses yeux bleus empreints de douleur.

— La femme que j'aime est morte.

Hadès consulte ses juges.

— C'est Eurydice, la belle dryade, nymphe des bois, confirme Rhadamanthe. En voulant échapper au berger Euristée, elle a été piquée par un serpent, et le venin mortel a fait son effet.

— Tu es venu la rejoindre ici ? s'émerveille Perséphone, qui refoule ses larmes.

Hadès lève une main impérieuse.

— C'est impossible. Tu ne peux demeurer aux Enfers, pas sous cette forme mortelle. Je le regrette, car ta musique charmerait mes îles bienheureuses.

Orphée secoue la tête avec un doux entêtement :

— Je suis venu chercher Eurydice.

— Tu veux dire : pour la ramener à la vie ?

— Elle est si jeune et si belle ! plaide le musicien. Sa mort est injuste. Elle n'a jamais fait de mal à quiconque.

— Thanatos, le génie de la mort, ne fait qu'obéir aux Moires, dit Hadès. Ce sont elles qui filent la destinée des hommes. Celle de ta compagne était fixée depuis longtemps.

Perséphone s'approche d'Orphée et le prend par la main.

— Elle ne peut renaître, mais toi, tu as le droit de la rejoindre parmi les ombres.

On devine la reine des Enfers séduite par le beau visage et la passion du jeune musicien. Pressentant le danger de cette sournoise invitation, Héraclès fait un pas en avant.

— Mauvaise idée ! gronde-t-il. Si tu restais ici, vous seriez séparés. Ton épouse serait pour toi une étrangère. Tu n'es pas venu jusque-là par hasard. Ta présence prouve que les dieux consentent à ce que tu ramènes Eurydice parmi les vivants.

En reconnaissant la voix du géant, son ami, Orphée se détache de Perséphone et questionne, d'une voix éperdue :

— Héraclès, dis-moi, tu as vu Eurydice ?

— Non, mais tu vas pouvoir la serrer dans tes bras.

Le héros se tourne vers Hadès. D'abord, le maître des Enfers reste muet. Ce n'est pas à Héraclès de dicter sa loi dans son empire. Mais il sent que tous les dieux sont d'accord pour appuyer sa requête. Il fait un signe à l'un de ses serviteurs. Celui-ci disparaît pour revenir quelques instants plus tard en compagnie d'une frêle jeune femme brune, qui marche en boitant. Héraclès remarque son pied encore tout gonflé du venin du serpent. Comme son arrivée au royaume d'Hadès date de la veille, son corps conserve son apparence charnelle. Ses yeux clairs contemplent sans frayeur l'imposante assemblée.

— Eurydice ! s'écrie Orphée.

Tandis qu'il se précipite et l'étreint tendrement, elle dévisage ce beau jeune homme qu'elle ne reconnaît pas.

— Eurydice ! répète Orphée, désemparé.

La nymphe qu'il adore a oublié son existence. « Elle a bu l'eau du Léthé ! » songe Héraclès.

Hadès et ses juges assistent à la scène, impassibles. Le sourire de Perséphone exprime une satisfaction secrète.

Eurydice sourit, elle aussi, à Orphée. Elle semble fouiller dans sa mémoire sans trouver ce qui peut la lier à cet homme si empressé. Pourquoi pleure-t-il ? Tout est si paisible, ici, si détaché de tout ! Sa main effleure le visage du poète, puis elle se détourne.

Pris d'une inspiration subite, Orphée saisit sa lyre, fait vibrer les cordes, et recommence à chanter. Une nouvelle fois, la magie de la musique se répand sur les Enfers, tout juste sortis de leur léthargie. Cerbère gémit plaintivement. Les Érinyes se pétrifient. Le sourire ambigu de Perséphone se brise.

Peu à peu, le visage d'Eurydice se transforme. Il exprime d'abord la surprise, puis l'émerveillement, et enfin une émotion surgie du plus profond de son être. Sa main se crispe sur son cœur. Elle murmure :

— Orphée !

Le jeune homme sourit à travers ses larmes. Sa musique a dissipé le charme du Léthé. Il continue à jouer, tandis qu'Eurydice pose la tête sur son épaule et noue les bras autour de son cou.

Thanatos, sorti de sa grotte creusée sur la berge du Léthé, contemple l'étrange phénomène : la mort vaincue, et les Enfers déconcertés sous l'effet de ce chant mystérieux, qui le distrait de son ouvrage, lui, le faucheur impitoyable.

18

La deuxième mort d'Eurydice

Lorsque cessent les vibrations de la lyre d'Orphée, Hadès s'avance vers les deux époux enlacés.

— Tu peux reprendre Eurydice, dit-il. Zeus réclame mon indulgence, et je te l'accorde volontiers. Allez, vous êtes libres. Les Enfers ne vous retiendront pas une heure de plus.

Il n'a pas consulté ses juges, mais Héraclès constate que ceux-ci approuvent chaudement la décision de leur maître. Seule Perséphone semble en désaccord avec son époux. Son expression sévère ne présage rien de bon. « Serait-elle tombée amoureuse d'Orphée ? » s'inquiète le héros. Dans ce cas, Orphée serait avisé de s'inquiéter. Depuis son arrivée, Héraclès a vu la reine des Enfers à l'œuvre, et sa méchanceté l'a révolté bien des fois.

— À une condition, exige Perséphone. Eurydice te suivra jusqu'à la porte de mon royaume. Toi, tu chemineras devant elle sans te retourner. Tu entends bien ? Sans te retourner ! Si tu la regardes une seule fois, elle disparaîtra à tout jamais.

Hadès tourne la tête vers son épouse. S'il pouvait manifester son étonnement, il le ferait. Mais, comme toujours, il demeure impénétrable. Il ne conteste jamais les jugements de Perséphone, même les plus opposés aux siens.

Héraclès s'interroge : « Où est le piège ? » Il comprend subitement ce qui pousse la déesse à agir ainsi. Elle n'est pas éprise d'Orphée, comme il l'a d'abord supposé. Cependant, le bonheur des autres lui est insupportable. Elle manque douloureusement d'amour. Les Enfers impitoyables n'ont pas détruit son cœur, mais ils sécrètent un venin dangereux : la jalousie.

Heureux et insouciants, Orphée et Eurydice chuchotent des mots tendres. Héraclès les entoure de ses bras puissants, comme pour les protéger.

— Soyez prudents !

Orphée dévisage le géant avec étonnement. De quoi aurait-il peur, puisque Eurydice est revenue à la vie ? Sur son talon, il n'y a plus la moindre trace de la morsure du serpent. Sa mémoire est revenue, si fidèle qu'elle n'en finit pas de rappeler en riant les épisodes amoureux de leur jeunesse.

— Vous irez devant, dit Héraclès. Je vous suivrai avec Thésée et Cerbère.

— Charmant animal de compagnie, plaisante Eurydice, en voyant se débattre le chien des Enfers, de nouveau enchaîné.

— Héraclès a toujours eu un faible pour les monstres, constate Orphée sur le même ton.

Le géant les pousse devant lui d'un air féroce :

— Disparaissez avant qu'Hadès ne change d'avis.

Comme Orphée, suivi de sa compagne, prend le chemin du Styx, la voix de Perséphone retentit :

— N'oublie pas, Orphée : sous aucun prétexte tu ne dois tourner la tête.

Héraclès surprend, dans les yeux de la déesse, un éclair qui l'inquiète. Il invoque Hermès : « Protège-les ! » Le messager des dieux, invisible, chuchote à son oreille : « Ce que tu exiges n'est pas en mon pouvoir. Jusqu'à son retour sur terre, le destin d'Orphée repose entre ses mains. Ni les Moires, ni Zeus, ni Hadès lui-même, n'y peuvent rien. »

Sentant le danger, Orphée presse le pas vers Éphyre, l'une des sorties des Enfers. Les ténèbres l'environnent. Il avance, bras tendus, sur un chemin de plus en plus abrupt. Des ombres le frôlent. Des visages démoniaques révèlent leurs yeux sanglants. Il a hâte de revoir le soleil, et de pouvoir contempler celle qu'il aime. Pour se donner du courage, il songe à tout ce qu'ils feront ensemble lorsque leur existence aura repris son cours.

Au bout de quelques heures de marche épuisante, il parvient au bord du Styx. Charon est là, sur sa barque, pour faire franchir aux époux le fleuve empoisonné. Orphée monte à bord. Sans se retourner, il se dirige vers l'avant du bateau. Après un court instant, il croit percevoir le poids léger d'Eurydice, qui incline la barque tandis qu'elle prend place à l'arrière.

Charon pèse sur sa rame. L'esquif franchit les tourbillons du Styx. Son bois résiste à l'onde infernale capable de briser la pierre et de fondre le fer. La traversée est longue. Elle aboutit aux marais de l'Achéron, dont les eaux ont l'épaisseur et la couleur de la poix. Au-delà, s'étendent les landes désolées où errent les morts sans sépulture. Ce sont toujours les Enfers et presque le monde des vivants.

Déjà, à travers le brouillard rouge, Orphée aperçoit la berge. Il débarque, gravit le chemin qui traverse la terre grise peuplée d'ombres errantes. En haut, c'est la Thesprotie, le salut, la liberté. Soudain, la porte des Enfers est là, devant lui. Ses vantaux d'airain sont ouverts. La lumière qui perce la nuit l'éblouit.

Orphée ralentit sa course. Depuis qu'il a sauté sur le rivage, il n'entend plus les pas d'Eurydice. Il l'appelle ; elle ne répond pas. Le silence l'oppresse. Il ignore que l'entrée des Enfers étouffe les bruits. Aucun son venu du monde des vivants ne doit pénétrer au pays des ténèbres.

Un terrible soupçon le saisit : « Si Perséphone m'avait trompé ? » Comme Héraclès, il a surpris le sourire ambigu de la reine des Enfers. Si elle lui faisait croire que son épouse le suit, pour l'inciter à quitter l'empire des Morts, se débarrasser de lui, et garder Eurydice ?

Il s'arrête au seuil des Enfers. S'il le franchit, si la porte se referme, il ne pourra plus revenir en arrière, revoir celle qu'il aime. Jamais plus.

Non. Hadès l'a déclaré solennellement. Eurydice doit être derrière lui. Il suffit de la saisir pour passer la porte avec elle. La vie est là, à quelques pas. Mais, sans la femme qu'il aime, elle n'a aucun attrait.

— Eurydice !

Il a crié de toutes ses forces. Pourquoi ce silence terrible ? La pensée d'avoir été dupé est insupportable. Il se retourne ! Eurydice est bien là, toute proche. Elle lui sourit. Il tend les mains, mais n'étreint que le vide. Le corps de sa bien-aimée perd brusquement sa matérialité. L'expression de son visage passe du rire au désespoir. Puis elle s'efface. La jeune femme si vivante devient une ombre de plus en plus lointaine.

Orphée dévale le chemin de la lande. Il voit la barque du passeur emporter Eurydice. Il a beau crier, supplier, Charon reste sourd à ses prières. Le jeune homme tombe à genoux sur le rivage. Il prend sa lyre. Mais il a beau chanter, les Enfers ne l'entendent plus. Ses pleurs forment des ruisseaux, qui gonflent l'Achéron sans l'émouvoir.

— Eurydice !

L'appel se répercute à l'infini sur les roches noires pour aller se perdre dans les entrailles de la terre.

Sept jours plus tard, lorsque Héraclès et Thésée franchissent à leur tour l'Achéron, ils trouvent Orphée sur la berge, à moitié mort d'épuisement. Négligeant de se nourrir, il a chanté sans répit. Des fauves, attirés par sa voix, sont couchés autour de lui, comme pour le protéger.

Devant ce spectacle déchirant, Héraclès n'a aucune peine à reconstituer la tragédie.

— C'est ma faute ! sanglote Orphée. J'ai douté. Je me suis retourné. Je l'ai condamnée !

Héraclès serre les poings. Il revoit le sourire de Perséphone. Elle savait d'avance ce qui allait se passer. Maintenant, elle doit se réjouir de sa victoire. « Si les dieux sont justes, ils te feront subir un jour les souffrances que tu infliges aux autres ! » rumine le géant. Cependant, il se garde de laisser exploser sa fureur pour ne pas raviver la blessure d'Orphée.

— Viens, allons retrouver nos amis !

De sa main robuste, il le soulève et le charge sur son épaule. Orphée se laisse porter comme un enfant. L'éclat du soleil lui blesse les yeux. Les parfums de la nature le dégoûtent. Il songe désespérément au monde souterrain qu'il vient de quitter. Eurydice est là-bas, ombre pâle parmi les ombres. Sa présence fait des Champs Élysées, séjour des héros, pourtant si mélancoliques, un paradis.

Après avoir ramené Orphée dans sa demeure et l'avoir confié aux soins de ses amis, Héraclès prend le chemin de la ville où l'attend Eurysthée. Il a hâte de se débarrasser de Cerbère, dont l'haleine infecte l'atmosphère. Le chien, docile depuis la sortie des Enfers, refuse brusquement d'avancer, en dépit des efforts d'Héraclès. Exaspéré, le géant menace :

— Tu ne vas pas faire ta mauvaise tête, sinon, par Zeus, je t'assomme !

Il brandit sa massue lorsqu'il comprend ce qui pétrifie le monstre : la voix d'Orphée s'élève, douce, pénétrante, irrésistible. Les arbres de la forêt frissonnent. Les bêtes lèvent la tête. Le vent se fige. Héraclès se laisse envoûter. Il oublie sa mission. On dirait que toute la beauté du ciel s'est déversée sur la terre. Mais, au cœur de cette harmonie, une plainte déchirante naît et porte, jusqu'au sommet de l'Olympe, la souffrance d'Orphée.

19

Le charme d'Adonis

Perséphone admire Adonis. L'adolescent est si beau qu'elle n'arrive pas à détacher son regard de son visage aux traits purs et de son corps aux formes divines.

Aphrodite, redoutant la jalousie d'Arès, divinité de la Guerre, qui porte bien son surnom : « le dieu des Larmes », lui a confié la garde du jeune homme pour le protéger. Au royaume d'Hadès, Adonis ne risque rien.

Perséphone l'a accueilli pour rendre service à Aphrodite. Mais, à force de veiller sur lui, elle s'est attachée à l'adolescent et ne supporte pas l'idée de se séparer de lui. Or, la déesse de la Beauté veut maintenant le reprendre. Perséphone a refusé :

Adonis est à elle ! Elles sont toutes deux éprises d'Adonis, et bien résolues à ne pas l'abandonner à leur rivale.

La reine des Enfers se croyait à l'abri des tentations et des pièges de l'amour. La présence d'Adonis a bouleversé sa sévère existence et illuminé son palais. À ce bonheur succède le chagrin, car Aphrodite a sollicité le jugement de Zeus. Le maître des dieux a tranché : Adonis doit passer un tiers de l'année avec Perséphone, un tiers auprès d'Aphrodite, et un tiers où il voudra. Or, Perséphone vient d'apprendre que l'adolescent a décidé de vivre deux tiers de l'année en compagnie d'Aphrodite.

— Tu vas donc m'abandonner ? dit-elle en essayant de cacher sa déception.

Adonis pousse un soupir hypocrite :

— C'est la volonté de Zeus !

« La tienne aussi », enrage intérieurement la déesse. Elle sait très bien pourquoi Adonis lui préfère Aphrodite. Perséphone est aussi belle que sa rivale. Mais c'est une beauté froide, intimidante, tandis que la déesse de l'Amour est rieuse, tendre, passionnée, et toujours si jeune ! Adonis redoute la première, et se complaît dans l'intimité amoureuse de la seconde.

— Tu es pressé de quitter le palais, pas vrai ?

— Mais non, je t'assure ! proteste l'adolescent.

« Menteur ! » Le monde infernal n'est pas un

séjour agréable pour un chasseur tel que lui. Que vaut la prairie d'asphodèles, comparée aux forêts d'Idalie, aux courses dans le vent, au vol des oiseaux sauvages ?

« Comme je voudrais l'accompagner ! » songe Perséphone, mélancolique. Tout à coup, la lumière du soleil lui manque. Aphrodite a de la chance de vivre là-haut en liberté ! L'épouse d'Hadès devra attendre le printemps pour effectuer son retour sur terre. Et, à ce moment-là, Adonis appartiendra à Aphrodite.

L'adolescent fait un signe d'adieu. Lorsqu'il a disparu, les Enfers semblent s'assombrir davantage. Perséphone demeure seule, en proie au désespoir. La souffrance qui l'envahit est la punition réclamée par Héraclès. Amoureuse, la déesse impitoyable est devenue aussi vulnérable qu'une simple mortelle. Elle se lamente. La jalousie l'aveugle. « Si Adonis vient à mourir, il sera à moi pour l'éternité ! »

Tandis qu'elle se désespère, Aphrodite et Adonis coulent des jours heureux. Pour suivre l'adolescent, la belle déesse délaisse l'île de Cythère qu'elle affectionne. Sans souci des épines qui déchirent sa peau délicate, elle poursuit le gibier à travers les fourrés. Des gouttes de son sang divin teintent les roses. Ainsi naissent les roses rouges. Adonis sourit.

— Tu ressembles à Artémis, la chasseresse.

Aphrodite fait la moue.

— Je suis beaucoup plus belle !

— Mais moins adroite !

La déesse se met à rire. Elle lui pardonne ses insolences à cause de ses regards amoureux. Cependant, il n'est pas seul à aimer la déesse. Arès la harcèle. Il est jaloux et violent. Il a remarqué, sur la peau de la déesse, les cruelles égratignures faites par les buissons. Aphrodite, qui prend soin de sa beauté et ne souffre pas la moindre piqûre, se met à ressembler à ses sœurs batailleuses. Le dieu des Larmes veut savoir pourquoi. Hélios le renseigne : Aphrodite est amoureuse d'un beau chasseur, au point d'oublier ses douces habitudes de jadis.

Furieux, Arès décide de se venger. Les échos de sa colère font résonner l'Olympe, et parviennent jusqu'à l'empire d'Hadès pour le plus grand plaisir de Perséphone.

Mais Aphrodite est dotée de pouvoirs redoutables. Elle met Arès en garde :

— Si tu touches à un cheveu d'Adonis, je ferai de toi la risée de l'univers !

Ces menaces ne sont pas vaines. La déesse de l'Amour a le pouvoir de susciter chez les mortels et les dieux des amours monstrueuses. Pour punir les femmes de l'île de Lemnos, qui refusaient de l'honorer, Aphrodite les a affligées d'une odeur si épouvantable que tous les hommes les ont abandonnées.

Pour se venger du fils de Thésée, Hippolyte, elle a inspiré à Phèdre, l'épouse du héros, une passion meurtrière pour son gendre.

Avec une déesse capable de faire naître des passions aussi destructrices, mieux vaut être prudent. Arès agit dans l'ombre. Cependant, il a beau se cacher, Hécate découvre ce qu'il prépare et avertit Perséphone. D'abord, la reine des Enfers se réjouit : elle tient sa vengeance ! Le complot d'Arès, dirigé contre Adonis, va désespérer sa rivale. Mais en imaginant le beau corps de l'adolescent déchiré, elle s'affole et fait taire sa jalousie. Elle doit à tout prix prévenir Aphrodite.

Celle-ci est en train de se baigner lorsque paraît Perséphone.

— Vas-tu aller chasser, aujourd'hui ? demande l'épouse d'Hadès.

La déesse de la Beauté s'étire d'une façon provocante.

— Si Adonis le désire.

— Retiens-le, invente un prétexte, conseille Perséphone.

— Pourquoi ?

Perséphone hésite : révéler son secret, c'est trahir Arès et Hécate.

— Un terrible danger vous guette.

Aphrodite hausse ses magnifiques épaules.

— Adonis est un grand chasseur. Il ne redoute pas les fauves !

Si Perséphone s'est dérangée, il doit y avoir une raison. Mais cette raison est peut-être mauvaise. La reine des Enfers cherche sans doute à semer la discorde en l'incitant à refuser à Adonis un plaisir qu'il exige.

— Tu devrais venir avec nous, ironise Aphrodite.

Elle sait que Perséphone déteste traquer les animaux. Au lieu de se fâcher, la reine des Enfers soupire :

— N'oublie pas que je t'ai prévenue.

Elle regagne en hâte l'empire des Morts qu'elle a quitté en secret. Tant pis pour Aphrodite !

Aphrodite n'a pas voulu écouter la fille de Déméter. Elle s'est moquée d'elle. Cependant, après son départ, les paroles de sa rivale viennent la tourmenter. Dans les forêts où l'entraîne Adonis, elle guette le danger. Surgira-t-il du sol ou du ciel ? Tout est paisible. De jeunes nymphes, insouciantes, jouent dans les bosquets. Adonis court comme le vent. De temps en temps il se retourne et lui sourit pour l'encourager.

Au crépuscule, épuisés par la chasse, ils s'arrêtent au bord d'un étang. Aphrodite dénoue ses longs cheveux et se coiffe, penchée sur le miroir d'eau, lorsqu'une forme noire trouble l'étang. C'est un sinistre présage. Envahie d'un pressentiment, elle se redresse, cherche Adonis. L'adolescent tend son arc. Derrière lui, les fourrés s'agitent. La déesse pousse un cri d'alarme. Adonis se retourne. Un gigantesque sanglier, noir comme la mort, fonce sur lui. Ses défenses le happent et le projettent en l'air, puis elles s'acharnent sur lui, encore et encore.

Aphrodite se précipite à son secours. Devant elle, le monstre s'enfuit. Mais le mal est fait. Adonis gît sur l'herbe, le corps lacéré et ensanglanté. Il ne respire plus. La déesse a beau invoquer Zeus, et tous les dieux, ses frères et ses sœurs, le ciel reste sourd à ses prières. Thanathos a emporté sa proie. Aphrodite étreint le beau corps privé de vie de celui qu'elle aimait. Ses larmes coulent le long de ses joues, et tombent sur la terre où elles donnent naissance aux fleurs du vent, les anémones.

Assise au milieu de sa prairie d'asphodèles, Perséphone voit venir Adonis. Elle a souhaité cet instant de toutes ses forces, celui où Adonis, séparé d'Aphrodite, serait à elle à tout jamais. Soudain, elle regrette son égoïsme. L'adolescent est toujours aussi beau, mais il n'est plus désormais qu'une ombre, figée dans une fausse béatitude.

Maintenant, elle donnerait les richesses de son

empire pour retrouver l'adolescent d'autrefois, ardent, capricieux, arrogant, ombrageux, animé de toutes les couleurs et de tous les défauts de la vie, quitte à l'abandonner à sa rivale.

Il est trop tard. L'empire des Morts a refermé ses portes sur sa beauté éphémère, que pleurent deux déesses.

20

L'ombre et la lumière

— Une reine impitoyable, dis-tu ?

Déméter dévisage Héraclès, cherchant à comprendre ce qui motive son hostilité à l'égard de Perséphone. Le héros détourne les yeux, et renchérit d'un ton bourru :

— La digne épouse d'Hadès !

— Dans ce monde clos, parmi tant de monstres, elle n'est pas libre, objecte la déesse.

— Le dieu des Morts se plie à sa volonté. Ce n'est pas une simple apparence. Je l'ai vérifié. Elle juge, ordonne et punit.

— Et tu prétends que c'est elle qui a condamné Eurydice ?

— Condamné, non. Mais trompé Orphée pour

le séparer d'elle, ça oui. On dirait que les souffrances du peuple des Enfers la réjouissent.

Après avoir prononcé ces accusations, il redoute la colère de Déméter. Mais elle se contente de soupirer :

— Je sais que tu te trompes. Perséphone ne peut pas changer, pas à ce point. C'est la déesse du Printemps, des feuilles nouvelles, des premières fleurs. Elle est jeune, belle, pétrie d'innocence et de générosité. Au fond de ton cœur tu dois le savoir, toi, son ami. Tu la connais bien !

— Je croyais la connaître !

— Ne t'a-t-elle pas aidé au cours de ton expédition au royaume des ténèbres ?

— Si, reconnaît le géant à contrecœur. Mais il y a toujours en elle une arrière-pensée. Les Enfers prennent possession d'elle, tu l'as toi-même remarqué, souviens-toi. La jeune déesse que nous aimions a cédé la place à une femme calculatrice, hautaine, impitoyable. Je l'ai revue en ramenant Cerbère chez son maître. Elle m'a reçu comme un étranger. Et lorsque je lui ai parlé du monde du soleil, je n'ai pas noté le moindre regret. Elle appartient désormais aux ténèbres. Je doute qu'elle revienne un jour parmi nous. Son royaume est en bas.

Déméter se moque gentiment de l'humeur maussade du héros :

— À mon avis, c'est toi qui as changé, Héraclès.

Je t'ai connu plus amusant. Les Enfers te rendent sinistre. Regarde autour de toi. Tu es sur terre, et la vie est belle. Tu n'as pas envie de rire, de chanter, de danser ?

Le géant acquiesce en riant :

— J'avoue que ce spectacle me change agréablement des hordes de monstres et des troupeaux de fantômes !

Il se couche dans l'herbe, le menton appuyé sur les mains, et contemple la vallée d'Arios, que le printemps fait reverdir. « Déméter doit être fascinée par cette splendeur au point d'oublier sa fille prisonnière ! » songe-t-il.

Autour d'une source, des nymphes se poursuivent. Chacune essaie d'enlever aux autres les couronnes de fleurs qui ornent leurs têtes. Les rires fusent. Des cris perçants expriment le dépit ou la victoire.

— Venez me chercher !

Celle qui défie ses compagnes est juchée, à dix pieds du sol, sur le tronc d'un chêne décapité par la foudre. Elle tient dans sa main six couronnes, témoins de son triomphe.

Les nymphes s'élancent aussitôt à l'assaut de son refuge pour récupérer leur parure. Elles grimpent avec agilité le long du tronc, se hissent sur l'étroite plate-forme. Mais, au moment où elles croient saisir leur rivale, celle-ci effectue un bond prodigieux, qui la transporte sur le sol, au-delà de la source. Après s'être reçue avec souplesse, elle court, laissant ses amies accrochées à l'arbre.

Héraclès admire la hardiesse et la grâce de la jeune fille. Rieuse, elle se sauve avec son butin. Comme les autres sautent à leur tour et la poursuivent, elle cherche refuge derrière le géant, et glisse les couronnes dans ses énormes mains.

Intimidées par la stature du héros, les nymphes restent à l'écart. L'audacieuse, elle, s'assied dans l'herbe avec un soupir d'aise, le dos appuyé au corps d'Héraclès.

Le géant regarde ses jambes lisses, et ses bras ronds qui redressent ses cheveux noirs. Ce geste découvre un visage d'une beauté et d'une fraîcheur divines. Héraclès ouvre des yeux stupéfaits :

— Perséphone !

Son air ébahi amuse la jeune déesse :

— Tu ne m'avais pas reconnue ?

— Non, je l'avoue !

Entre la hiératique souveraine des Enfers et cette fille espiègle, il y a tout un monde !

— Elle est arrivée hier, murmure Déméter.

— Et tu ne me disais rien !

— Je pensais que le printemps, l'éveil de la nature, les champs de fleurs t'ouvriraient les yeux. Elle est là pour six mois. Ainsi, tu doutais de son retour ?

— J'avais tort !

Il regarde Perséphone récupérer les couronnes, les enfiler sur son bras, puis les lancer une à une à leurs propriétaires.

Après s'être coiffées, les nymphes se mettent à danser. Perséphone se joint à elles.

« Coré », murmure Héraclès. C'est bien la jeune déesse de jadis, sur laquelle les Enfers n'ont laissé aucune trace.

Déméter se penche à son oreille : « Cette divinité, c'est bien ma fille. Celle que tu as rencontré aux Enfers n'était qu'une ombre ! »

Après avoir dit adieu aux deux déesses, Héraclès quitte la vallée d'Arios. Il se dirige vers la cité où l'attend Déjanire. Fidèle à la promesse faite à Méléagre, il a épousé sa sœur. Il avait connu celle-ci enfant. En la revoyant, il a été charmé par sa beauté et son courage. Depuis, il a du mal à parcourir la terre entière, comme il le faisait depuis l'enfance. Il n'est pleinement heureux qu'auprès d'elle.

Impatient de la revoir, il prend sa course à travers les prés et les bois. L'hiver, qui figeait la terre dans un sommeil de mort, a miraculeusement disparu avec le retour de Perséphone. Partout la végétation éclate, les fleurs éclosent, le vent transporte des tourbillons de pollen, la neige du soleil. Déjanire l'attend. Ensemble, ils doivent se rendre à Trachis, en Thessalie, où règne son cousin, Céryx.

En le voyant arriver, la jeune femme croise les bras et lui tourne le dos.

— Je t'attendais hier !

— J'ai été retenu.

— Quelque monstre venimeux et cornu ? raille Déjanire. Je finis par croire que ces créatures t'intéressent plus que moi.

Héraclès secoue la tête.

— Une fille aussi brune que la nuit, aussi radieuse que l'aurore...

Déjanire se retourne comme une furie.

— Quelle fille ?

— Perséphone.

— Elle est si belle ?

— Divine. Tu n'as qu'à regarder autour de toi. Sa beauté se communique à la terre tout entière. Ce parfum troublant, c'est le sien. Ces fleurs, c'est sa peau. Cette herbe si douce, ses cheveux. La musique du vent dans le feuillage, c'est sa voix...

Le regard de Déjanire s'assombrit.

— Je préférais la féroce reine des Enfers !

Ce cri trahit sa jalousie. Déjanire est passionnée et possessive. Les jolies créatures qui tournent autour de son époux, s'offrent à lui et tentent de le séduire, la rendent folle.

Son air boudeur enchante Héraclès. Il la soulève dans ses bras en riant.

— Devrais-je te porter jusqu'à Trachis ?

Apaisée, elle noue ses bras autour du cou du géant.

— Excellente idée !

Il la dépose sur l'herbe avec une douceur inhabituelle, et l'embrasse tendrement. Elle plonge ses yeux noirs au fond des siens pour sonder ses pensées. Ce qu'elle voit la rassure : Héraclès est amoureux.

Ils voyagent lentement, pour faire durer ces instants de bonheur. Ils se baignent dans les sources, dorment sur des lits de feuilles, se nourrissent de fruits. Ils oublient Trachis. Le temps ne compte plus. Ils mettent quatre jours pour atteindre le fleuve Évenos. Le cours, gonflé par les pluies, est en crue. Héraclès plonge dans les eaux tumultueuses pour les traverser à la nage. Il défie Déjanire de l'imiter. Malgré son courage, la jeune femme renonce. Le courant est trop fort.

Déjà, Héraclès approche de la rive opposée. Déjanire s'adresse au passeur. Celui-ci, un centaure, mi-homme, mi-cheval, se nomme Nessus. C'est une créature d'une force prodigieuse. Moyennant deux pièces d'argent, il transporte les voyageurs sur son dos par tous les temps.

Déjanire ignore que le centaure s'est jadis battu

contre Héraclès. Le héros l'a vaincu et chassé de son pays, et Nessus a juré de se venger.

Tandis qu'Héraclès lutte contre le courant déchaîné, Nessus saisit Déjanire et l'emporte. Mais, au lieu de plonger dans le fleuve, il s'enfuit vers son repaire, au milieu des forêts.

21

Le feu dévorant

Déjanire, douée d'une vigueur singulière, se débat furieusement entre les bras de son ravisseur. Elle le frappe, le griffe, le mord. Mais le centaure est insensible à la douleur. Au lieu de ralentir sa course, les coups l'éperonnent. Les contorsions et les cris de la jeune femme le mettent en joie. Son galop fait trembler le sol. La forêt, son refuge, est proche. Jamais on ne retrouvera la belle Déjanire, dont il fera sa compagne. Délectable vengeance.

Il atteint la lisière lorsque Héraclès met le pied sur l'autre rive. Alerté par les hurlements de son épouse, le héros comprend la traîtrise du centaure et saisit son arc. Sa flèche, guidée par une main divine, franchit le fleuve et frappe l'agresseur à la nuque. Nessus s'écroule, entraînant Déjanire.

La jeune femme se relève sans mal, et se penche sur le centaure agonisant.

— Pardonne-moi, dit Nessus dans un souffle. En te voyant, si belle, je ne sais quelle folie m'a saisi. Pour prix de mes remords, prends mon sang : c'est un puissant philtre d'amour. Héraclès t'adore. Mais si un jour il vient à ne plus t'aimer, ou à en préférer une autre, verses-en quelques gouttes sur lui. Son amour renaîtra.

Suivant ses indications, Déjanire prend une petite fiole et l'emplit du sang qui s'écoule de sa blessure. Ensuite, elle se dépêche de cacher la précieuse liqueur dans sa tunique. Nessus pousse son dernier soupir à l'instant où Héraclès, qui a retraversé le fleuve, arrive sur le lieu du drame.

— Tu n'es pas blessée ? s'inquiète-t-il.

Déjanire sourit tristement.

— Non... pauvre créature !

— Ne le plains pas ! s'emporte Héraclès. C'est un centaure. Comme tous ses congénères, il était perfide, brutal et grossier. Il n'a eu que ce qu'il méritait. Jadis, je me suis battu contre lui et toute sa tribu. Il a causé la mort de deux de mes amis. Si je l'avais reconnu, jamais je ne t'aurais laissée seule avec lui. Viens, partons !

Déjanire pousse un grand soupir.

— Ne peut-on l'enterrer ?

— Ses frères s'en chargeront. S'ils surviennent et nous trouvent ici, ils voudront le venger, et je serais obligé de les tuer. Je n'y tiens pas.

Déjanire se rend à ses raisons. Docile, elle se laisse porter sur l'autre rive. Au-delà, leur voyage se poursuit sans difficulté. Le lendemain, ils atteignent Trachis, où Céryx les accueille avec générosité. Son royaume est prospère.

Les premiers temps, ils coulent des jours heureux. Mais, bientôt, cette vie trop douce lasse Héraclès. Il s'ennuie. La passion des combats le dévore. La richesse du royaume de Céryx attire la convoitise de ses voisins. La guerre, qui est une calamité pour la plupart des gens, est une bénédiction aux yeux d'Héraclès. À plusieurs reprises, il commande les armées du royaume contre les envahisseurs.

Victorieux, il regagne Trachis, et reprend l'existence insouciante contraire à sa nature. Pour se distraire, il participe à un concours de tir à l'arc organisé par Eurytos, descendant d'Apollon, l'archer divin.

Eurytos, roi d'Œchalie, a promis sa fille, Iolé, au vainqueur. Les meilleurs archers du monde répondent à son invitation. Pour départager les champions, on éloigne la cible jusqu'à ce qu'elle soit hors de portée. Seul Héraclès parvient à l'atteindre au-delà des montagnes. Victorieux, il réclame sa récompense, mais Eurytos refuse de lui donner sa fille.

Iolé est d'une beauté sublime. Déçu, insulté par le refus du roi, Héraclès déclare la guerre à Œchalie. Il s'empare de Iolé par la force et l'envoie captive à Trachis.

En voyant la jeune esclave, ses cheveux blonds, ses grands yeux clairs et son corps ravissant, Déjanire est torturée par la jalousie. Elle croit que son époux a cessé de l'aimer, et n'a d'yeux que pour la jeune fille.

Elle se souvient alors du philtre de Nessus. Débouchant la fiole qui renferme le sang du centaure, elle en verse quelques gouttes sur la tunique d'apparat d'Héraclès.

Lorsque le géant revient à Trachis, il se débarrasse de ses armes, se baigne longuement et revêt la tunique princière préparée par son épouse. Aussitôt, son corps se met à brûler atrocement. Il essaie d'arracher le vêtement empoisonné ; celui-ci colle si bien à son corps que sa peau part en lambeaux avec la tunique maudite. Il n'est bientôt plus qu'une plaie infecte.

Attirée par ses gémissements, Déjanire se désespère :

— Nessus m'a trompée ! Il prétendait que son sang était un philtre d'amour.

— Un philtre de mort ! rugit Héraclès. La blessure fatale que je lui ai infligée a introduit le venin de l'hydre de Lerne dans ses veines. Je suis perdu !

— Demande à Zeus de t'aider !

— Contre ce poison, mon père lui-même est sans pouvoir. Ce venin est une malédiction !

— Et Paean, le divin guérisseur ? Ne m'as-tu pas dit qu'il avait soigné Arès et Hadès ?

— Il ne peut guérir que les dieux.

La souffrance est si atroce que, durant un long moment, Héraclès est incapable de parler. Le feu de l'hydre le ronge. Sa chair se met à fumer, consumée par l'acide. Épouvantée, Déjanire s'enfuit. Héraclès gravit le mont Œta, au sommet duquel il dresse un immense bûcher. Quand il a terminé, il s'étend sur le bois et regarde le ciel.

Son fidèle compagnon, Philoctète, l'a accompagné. La torture du héros le met au désespoir. Il supplie :

— Que dois-je faire ?

— Veille sur Iolé, ordonne Héraclès. Qu'il ne lui arrive rien. Mon fils, Hyllos, l'épousera le moment venu ; c'est une princesse digne de lui. Dis à Déjanire que je lui pardonne. Et maintenant, enflamme le bûcher, hâte-toi !

Philoctète recule, horrifié :

— Ça non, je ne peux pas !

— Si tu ne le fais pas, le venin de l'hydre me brûlera durant des mois. Veux-tu prolonger mon supplice ?

Résigné, Philoctète enflamme une torche. Les pleurs brouillent sa vue. Sa main tremble. Héraclès fait un effort pour sourire.

— Je te lègue mes armes : la massue que j'ai taillée dans un olivier de l'Hélicon, la montagne des Muses ; l'épée que m'a remise Hermès ; l'arc, présent d'Apollon ; et ma cuirasse, forgée par les Cyclopes. Avec cela, tu seras un guerrier presque invincible. En échange, jure de ne jamais révéler l'emplacement de ma mort.

— J'en fais serment, murmure Philoctète.

Sa torche embrase le bûcher. Avec un grondement de volcan en éruption, les flammes s'élèvent vers le ciel, comme un ultime sacrifice à Zeus.

Philoctète s'éloigne du sommet, la mort dans l'âme. Soudain, un éclair sanglant, jailli des nuées, disperse le bûcher. Héraclès se redresse, flamboyant, et s'élève vers le ciel.

Épilogue

En reprenant connaissance, après un sommeil peuplé de monstres et de flammes, le géant regarde autour de lui, hébété. Il se trouve dans un merveilleux palais d'or et de marbre. Le maître des dieux lui sourit :

— Alors, héros, comment trouves-tu l'Olympe ?

Héraclès dévisage ceux qui se penchent sur lui : Héphaïstos, borgne et boiteux ; Arès, vêtu de sa pesante armure ; Hermès, souriant sous son pétase.

— Pas mal, mais ça manque un peu de jeunes filles, à mon goût !

Le rire de Zeus fait trembler les murs de son palais, tandis qu'Héra constate avec aigreur :

— C'est ton digne fils !

Zeus envoie une bourrade au géant :

— Patience ! Tiens, voici ma petite Hébé, la déesse de la Jeunesse. Qu'en dis-tu ?

Héraclès contemple avec émerveillement la beauté gracile qui lui sourit.

— C'est mieux, beaucoup mieux !

— Que dirais-tu d'épouser Hébé, maintenant que te voilà immortel ? propose le maître des dieux.

Héraclès approuve :

— Ma foi, ne dois-je pas obéissance à mon père ?

Toutes les divinités de l'Olympe s'approchent pour le féliciter, même Arès qu'il a blessé à deux reprises. Aphrodite lui tend une coupe. Il la refuse en riant :

— Un philtre d'amour ? Non, merci, j'en ai eu ma dose !

— C'est du nectar, dit la déesse. Tu dois en boire pour rester immortel.

Héraclès s'empare de la coupe, et la vide d'un trait. Le goût du nectar mérite un clappement de langue :

— Je sens que je vais me plaire, ici !

Zeus sourit. Il a toujours eu un faible pour cet enfant héroïque, dont les exploits ont dépassé ceux des dieux et dont la bonne humeur bouscule les mièvres habitudes de l'Olympe. Héraclès est déjà chez lui, dans ce palais d'or. Il mange, boit, plaisante avec les Heures, et s'efforce de chanter avec les Muses.

— Pitié, tu chantes faux ! supplie Perséphone.

Héraclès fronce les sourcils.

— Tu n'es pas auprès de ton beau mari ?

La jeune déesse sourit.

— C'est l'été !

— L'été, c'est vrai, grogne Héraclès en s'étirant. Toi et moi, nous avons bien mérité de grandes vacances !

Composition JOUVE – 62300 LENS
N° 890568v
Imprimé en France par HÉRISSEY - 27000 Évreux
Dépôt imprimeur : 98147 – éditeur n° 54562
32.10.2140.5/01 – ISBN : 2.01.322140.1
Loi n° 49-956 du 16 juillet 1949 sur les publications destinées à la jeunesse
Dépôt légal : mars 2005